大是文化

好心情沒人能給

超過 12,000 人證明有效的
情緒自救法，讓陰霾變晴朗

「自分の感情」の整えかた・切り替えかた:
モヤモヤがスッキリ!に変わる85のセルフケア

國家認證的認知心理療法心理師
日本憤怒管理協會引導師
高井祐子◎著

黃怡菁◎譯

目錄

推薦語 13
前言　跟情緒當朋友，好事自然來 15
本書使用方式 20
第一章　你想要的幸福，一直都在 23
01 你認為的普通是什麼樣子？ 24
02 降低門檻，連好天氣都是幸福來源 26

03 幸福，就是不經意發生的小事 29
04 除了內心，五感也能接收喜悅 31
05 「你想成為怎樣的人？」 34
06 理想中的自己是什麼樣子？ 37
07 少用卻步詞彙 39
08 想像自己是成功人士，接受採訪 42
09 你的缺點，其實是優點 44
10 多看看自己表現好的那一面 46
11 面對棘手的事，先只做一點就好 49
12 今天的失敗，會成為明天的資產 52

第二章 換個口頭禪，糟心事少一半 59

13 令人感到喜悅的詞彙：謝謝 60

14 取一個只有自己知道的暱稱 62
15 不安時，對自己說「還不一定吧！」 64
16 「一定沒問題」的沒問題魔咒 66
17 「必須」讓人成長，也會陷入痛苦 69
18 出現自我否定，要馬上說：「算了，沒差！」 72
19 失敗，不該用來責備自己 75
20 稱讚不要悶心裡，說出來 78
21 別怕向外求助 81
22 多收藏元氣語錄 84
23 比起「不好意思」，說「謝謝」會更好 87
24 深呼吸，慢慢來，好好說 89
25 說事實，理情緒 92

第三章　從悶悶不樂走向神清氣爽　97

26　別讀心，直接問　98
27　老在意他人眼光？沒人在乎你呀！　100
28　別當正義魔人　103
29　先別貼標籤　106
30　我很好，你也很好　109
31　過度保持距離，不受傷但也無法建立關係　111
32　不要怕得罪人　113
33　與其生氣，不如看愛賣弄的人表演　116
34　與麻煩的人往來時，把對方當「天氣」　118
35　有夥伴就不孤單　120

第四章 整頓生活習慣 125

36 習慣的機制：反覆和持續 126
37 寫生活紀錄，就能看出狀態不好的主因 129
38 製造幸福荷爾蒙 132
39 心情不好，就早點睡 135
40 一天至少要花十五分鐘晒太陽 138
41 別吃果醬土司，改吃火腿起司三明治 141
42 選碳水化合物以外的零食 143
43 多吃堅果、豆腐、豬肉…… 146
44 沒事多喝水，多喝水就沒事 148
45 規律運動，活化神經 151
46 在自然環境中放空 153
47 別看讓心情變差的貼文 156

48 享受獨處 159
49 新的挑戰，先做一點點就好 161
50 蒐集喜歡的生活小物 164
51 每天整理家裡一個小地方 167
52 別為了節省瓦斯及電費而省掉健康 169
53 注意溫度及氣壓的變化 172
54 泡澡，有助腦袋放空 175
55 柔和黃光有助睡眠 177
56 傾聽自己身體的聲音 179

第五章 隨時能做的情緒自救法 187

57 把人生境遇做成圖表 188

58 把壓力當調味料 191
59 剛剛好的緊張感 193
60 用力深呼吸，緩緩吐氣 195
61 製作轉換心情清單 198
62 瑜伽嬰兒式，能放鬆身心 200
63 六秒咒語，撐過憤怒顛峰 202
64 心累，就大聲笑出來 205
65 最簡單又有用的冷靜法：深呼吸 208
66 八四四呼吸法，身心都輕鬆 210
67 每天十分鐘正念練習 212
68 用冥想排解壓力 215
69 祝福你討厭的人 217
70 想像自己是一座山 220

第六章　我最擅長的認知行為療法　227

71　了解大腦思考的機制　228
72　你現在的心情是幾度？　230
73　寫下腦中浮現的想法　232
74　你的痛苦，客觀檢視就能破除　235
75　把想法寫下來　237
76　從主觀思考中抽離　240
77　將自己的想法加上雙引號　242
78　把雜念當成無意義的背景音樂　244
79　沒必要對「尚未發生的事」恐慌　247
80　迷惘時，要以自己的感覺為準　249
81　想想孩提時代的自己　252
82　修復過去傷痛，重建心情　255

83 思考自己的生命觀 258
84 接受現狀，做好自己能做到的事 260
85 不跨越障礙也沒關係，換路走 263
結語 即使沮喪，也能靠自己振作 268

我
內在小孩
小熊

推薦語

人的一生中，壓力無所不在，你是否能迎刃而解？**好心情沒人能給，對待自己慷慨一些**，透過閱讀自助自救。

試著呵護、善待自己。關注當下的事物，將雜音與雜訊阻隔在外，讓思緒澄明與清淨。藉由練習自我對話，善用合理的解釋，在面對困頓的心境時，啟動內心旋律，優雅的轉換情緒。

在生活與工作中，我徹底的將認知行為治療理論，透過覺察、轉念、行動充分落實。這一點與作者的理念與實務相吻合，讓我深感共鳴與親切。

——王意中心理治療所所長、臨床心理師／王意中當我覺得很累的時候，就會去吃一碗拉麵，讓自己像在旅行，然後享受一段只屬於自己的時間。很多時候，轉換情緒只需要一些小方法甚至一句話。如果你時常感到疲憊、沒有自信、容易焦慮或緊張、睡不好，可以看看書中八十五個方法，找到最適合自己的方式，然後給自己力量翻轉厭世吧。

——諮商心理師／王雅涵

總是心情不好，即使看了各種心靈書籍，卻還是不知道如何實踐……如果你有這樣的困擾，非常適合看本書。書中介紹的八十五種方法，都可以立即實踐，從認知心理學出發，一點也不困難。例如撐過六秒就不生氣、重新認識每一條道路……每天實踐一點點，就能自救找回好心情。

——知名作家、編劇、講師／劉中薇

前言

跟情緒當朋友，好事自然來

「情緒一低落，要很久才能振作起來……。」

「又不小心破口大罵了……真希望自己不要這麼容易生氣。」

「我很容易緊張又焦慮，如果能隨時保持平常心就好了……。」

你有類似的煩惱嗎？正因為是人，所以擁有各式各樣的情感。除了喜悅、快樂等正面情感，也有悲傷、憤怒等負面心情，擁有這些情緒，絕對不是壞事。只是，當我們進入低潮期時，會逐漸累積壓力，容易憤怒或不安，而且愈加難掌控自身狀態。甚至，長時間沉浸消極情緒中，身體會不知不覺產生不良的變化。

我想，不論是誰，都一定希望能在身心崩潰之前，學會好好面對、控制自己情緒。為此，**我在本書中分享能整理情緒、轉換思維，讓人可以好好維持心理健康的方法。**

身為日本國家認證心理師，同時也是臨床心理師，我擁有二十年以上的心理諮商資歷，至今已為超過一萬兩千人進行心理諮商診療。

心理診療的方式有很多種，**而我最擅長認知行為治療法——透過改變認知與想法，使人的情緒和行為跟著產生變化，有效消除負面情緒。**

只要掌握轉換思維的訣竅，等於學會控制自己情緒。

舉例來說，當你注意到「人際關係令你焦慮」時，可以嘗試使用書中的「別讀心，直接問」（見九十八頁）、「先別貼標籤」（見一〇六頁）、「把想法寫下來」（見二三七頁）等，相信這些方法一定可以逐漸改善你的生活，你的心情也會變輕鬆。

此外，本書還會提到另一個重點——「生活臨床」（按：由日本群馬大學醫學部開始實踐的精神醫療法，以思覺失調症患者為對象，透過直接觀察他們，以社會心理學、認知機能訓練等角度，實際給予生活上支援。經長期發展與改善，又分為「主動型」、「被動型」。而本書中提到的方法屬於前者，主動改善生活、參與活動等），後文會詳述該概念的細節，簡單來說，就是並非只在腦中想要怎麼整理情感，更重要的是在日常生活中落實，訓練自己切換看待事物的視角，這是非常重要的關鍵。

例如，書提到的「製造幸福的荷爾蒙」、「早晨借助陽光的力量」、「建立規律的運動習慣」等，都能重整身心。透過這些技巧來引導情緒，讓人更能產生幹勁及安全感等正面的心情。

若你曾試圖讓自己的心情好一些，最後卻仍被失控的情緒打回原形，不妨實踐認知行為治療法與生活臨床治療法，肯定可以幫助你脫離負面情緒的惡性循環。因為人的心靈與身體關係密切。若只著重改變心理，生活（生理）依舊混亂，那麼，情況不會有任何改變，你的努力只會淪為徒勞。

所以，不只理內心，請記得也要好好的理生活，這一點都不困難。

我因為工作的關係，每天都會接觸到有各種煩惱的患者。他們在生活中實現我介紹的方法後，紛紛給予正向回饋，像是：「現在即便陷入煩惱，我也能靠自己的力量消除壓力。」、「我本來非常討厭自己，但我最近漸漸覺得能喜歡自己了。」、「雖然難免會沮喪，但我已經不會害怕了。」每個人都確實感受到自己身心靈的變化。接下來，我先稍微介紹本書各章內容。

第一章先深入剖析「你希望自己是什麼樣子？」、「你認為幸福是什麼模樣？」、「你認為的普通是什麼型態？」這些問題可以幫助你了解自身現狀，並知道怎麼做才能讓內心快樂。

第二章的重點是口頭禪。你說的話、用的詞彙，會強烈反映出你的心境與思維。透過改變用字遣詞，就能改變負面的思考習慣。

第三章會提到人際關係，這應該是情緒最容易受到影響、也是現代人經常煩惱的問題。當我們受到他人的攻擊時，該怎麼自我防護？怎麼做才能保持心靈上的社交安全距離？我會在這個章節告訴讀者有效的妙招。

第四章的重點是生活臨床。重新整頓自己的生活，等於重整你的身心靈。

第五章會介紹在生活中實踐的情緒自救技巧，引導你隨時都能順利克服壓力。

在最後一章，要徹底挖掘你的思考習慣及認知，好好聆聽內心深處的聲音。最重要的是，在生活中運用書裡的平撫情緒方法，你會過得更加充實。

另外，在執行這些方法時，有一個非常重要的重點：每次實踐時，你要以客觀的角度問自己：「現在有什麼感覺？」、「我其實真正想要怎麼做？」當你越來越習慣這樣問自己，並且找出心中真正的答案，相信你的人生會越來越往好的方向邁進。願本書可以成為讀者的助力，讓各位帶著豐沛的情感與嶄新的自我，一起迎向更好的人生。

——國家認證的認知心理療法心理師、日本憤怒管理協會引導師／高井祐子

本書使用方式

本書是我在做診療時，實際教導個案運用在生活的方法。

這些方法很簡單，就算一天只挑一、兩個使用，也能面對內心、與心靈對話，進而度過平穩又充實的每一天。重點是不要著急，慢慢實踐就可以了。或先大致翻閱本書，若有哪個方式讓你很想試試看，就先從那裡開始做都可以。

我會仔細說明每個方法，旁邊的插圖有助了解，也有讓你可以寫下筆記的空間。所以，千萬不要只是「讀」，我希望你還能寫下來或唸出聲音，徹底挖掘心中的真正想法，然後在生活中活用技巧。當你陷入低潮、對社交心累、累積過多壓力……書中會針對各種情境，說明哪種時候要用哪些方法自救。

書中空白之處可當作「心靈筆記」，請各位務必寫下實踐後的感想，或你與內心對話時的想法，也可以寫在喜歡的筆記本上。最重要的是，確實記錄真正想法和使用後的心情變化等，這麼一來，你會對自己產生的變化更有感。日後回顧筆記時，或許你會發現當時看不見的盲點，進而重新認識自己。持續使用這些方法並記錄，逐漸改善自己「心的習慣」，讓我們能更好的生活。

我身為國家公證心理師及臨床心理師，一直為人們進行心裡諮商，每個人的煩惱都不同，不只心理諮商，有越來越多人因「總是失眠」、「身體疲累」、「經常心悸」等生理層面問題，找我諮詢，而且這類型個案有增加的趨勢。他們從覺得出門很麻煩，到抗拒出門，最後變成宅在家裡、足不出戶。但他們並非都恐懼社交，也不是害怕人群或出門。

仔細深談後，我發現他們都因壓力或煩惱，而導致生活步調紊亂。比如沒有好好吃三餐，總以麵包或零食果腹，常熬夜滑手機或看影片。也就是說，因生活習慣不好，才導致身體出問題。其實，很多人因「生活病理」而引起層面失調。

最明顯的狀況就是感覺身體變沉重且提不起勁。在這種狀態下，就算接受諮商並規畫排解壓力，若生活步調沒改善仍會因缺乏幹勁而無法持續執行，進而產生「想改變卻無法改變」自責心態，變得更悲觀和沮喪。

雖然我是心理師，但我認為心理問題，不是只有心理，必須連生理一起改善，才能看見真正的成效。因此，有必要透過生活臨床來重新檢視生活，找出問題並改善。本書不只注重心理照護，也很重視生活臨床。治療心靈需要能量，若你的身體過度疲累，就不可能有多餘的心力照顧內心。

或許你會覺得自己早就知道書中某些方法，但「知道」不等於「有做」。不妨趁這個機會，重新檢視生活吧。

最後，我重新強調一次：先以認知行為治療法為基礎，轉換思維與認知，讓心靈變平靜。之後再以生活臨床的概念來檢視生活，整頓自己的生理與心理，讓生活越來越平穩。只要持續實踐，必能過上充實且心靈滿足的生活。我稱這套方式為「平靜的深度引導員」。無論如何，你才是主角。讓我成為支撐你改善身心靈，每天都能過得更加快樂的幫手吧。

第一章

你想要的幸福，一直都在

「總因一點小事沮喪」、「快被每天的壓力擊倒了」，試著放下自己肩上的重擔吧。

01 你認為的普通是什麼樣子？

我在諮商時，經常聽到個案說：「我想變得普通。」可是普通的基準因人而異，所以我總會反問：「你認為的普通是什麼樣子？」

請記得，普通沒有一定的標準。如果有，那也是依照他們心中所想而誕生的基準。所以，請想一想，自己認定的普通是什麼樣子，然後具體寫下來。

若你正好有這個煩惱，那麼，就根據你寫的內容，然後照做就好。

假設寫了「早上好好起床，晚上好好睡覺」，就表示你的內心希望自己可以這麼做。所以，**與其執著所謂的普通**，你**應該先重整自己的生活步調**，讓自己可

把你認為的普通，具體的寫下來。

- 對話時要好好看著對方的眼睛。
- 面帶笑容打招呼。
-
-

以「早上好好起床，晚上好好睡覺」；若你列出「想去哪裡就去哪裡」，就增加讓自己外出的機會。

只有一點必須注意：**你認為的普通，不等於別人的普通**。例如，你認為「犯錯就該好好道歉」，那麼只要自己做到就好，不要用你的基準來要求別人，因為普通因人而異，沒有統一標準。

02 降低門檻，連好天氣都是幸福來源

我們經常聽到別人說：「想獲得幸福。」

對我們來說，究竟什麼狀態才能稱作幸福呢？變成大富豪、擁有地位及名聲、結婚成家……相信每個人認定的幸福都不一樣。

事實上，我認為**比起追尋理想中的幸福，我們更應該發現早就存在於自己身邊的幸福**，像是：

- 今天的陽光感覺很舒服。

生活中的小確幸，是讓我們最有感的幸福。

- 把棉被洗乾淨然後晒乾，感覺很暢快。
- 今天通勤時，一路上都是綠燈，所以順利趕上電車了。

這些看似理所當然般的小事，其實一點都不理所當然。甚至可以說，**這種生活中的小確幸，往往是讓我們最有感的幸福。**

說得更清楚一點，想讓自己變得幸福，方法就是降低自己對幸福設下的門檻。

看到「降低門檻」四個字，肯定有人產生疑問：「要降多低啊？」

舉例來說，「光是活著，就很幸福了」、「睡覺時，有棉被可以蓋著睡覺，真好」……像這樣，把心中的幸福門檻降到這麼低。

會一直想「我要變得幸福」的人，幾乎都是困在「現在的我還不夠幸福」、「我對現狀不滿足」的死胡同中。最有效的改善方法，就是從平時的生活開始改變。即便是再小的事也好，或者是原本認為理所當然的事也可以，試著從中感受幸福吧。

03

幸福，就是不經意發生的小事

在你感到痛苦時，若看到其他人過得很順遂，會不會很羨慕對方？儘管試著降低幸福門檻了，還是有不少人把注意力都放在不幸上。

但是，每個人對幸福的定義都不一樣，甚至有些人列出一長串幸福條件。對我來說，真正的幸福並非恆久不變，而是**累積每天感受到的一點一滴、每個喜悅的瞬間，才叫做幸福。**

前文提到要降低幸福門檻。所以，請寫下今天每一個讓你喜悅或是幸運的瞬間。例如：店裡剛好播放你喜歡的歌、看到小孩的可愛模樣、毛巾或布料的觸感

寫下今天感受到的幸福瞬間吧！

- 衣服的皺褶都消失了。
- 店裡剛好播放我喜歡的歌。
-
-

讓你感覺很舒服、吃到剛出爐的美味麵包、看到美麗的夕陽。

這種生活中不經意發生的小事，都能讓我們感到喜悅，這些心情累積起來，就是生活中確實存在的幸福。我希望不論是誰，都可以感受到身邊的美好瞬間。

哪些時刻會讓你覺得幸福？只要寫下來，往後回顧時，就像喚醒身體記憶般，心中會洋溢幸福感。

04

除了內心，五感也能接收喜悅

現代人生活繁忙，一直被時間追著跑，但即便是這樣，只要善用五感，你會發現其實生活中處處充滿美滿。

數年前的某天晚上，我正在洗碗，女兒突然從背後抱住我，還把臉埋進我的背部，一邊說：「我喜歡媽媽的味道。」、「媽媽的味道是溫柔的味道。」一邊抱著我，輕輕的搖晃起來。

背部傳來女兒的溫暖、她緊緊抱著我的觸感，再加上她說出口的溫柔話語，都讓我心裡暖洋洋的，我覺得這段時光非常幸福。

人們為了獲得幸福，而把目光放在遙遠的目標上。但其實真正的幸福，就像和煦的陽光、柔順的微風，沒有任何徵兆，突然出現在我們的身邊。

為了不錯失這些突然出現在我們身邊的美好，請打開五感——**用眼睛看、用耳朵聽、聞氣味、品嚐味道，也可以伸手觸摸，然後好好的感受**吧。

看著晴朗的天空，吸一

口乾淨清爽的空氣，聽聽悅耳的鳥鳴，感受微風吹拂，享受手中的馬克杯傳出來的溫度及溫熱蒸氣，聞聞清澈的咖啡香氣，接著喝一口，好好品味咖啡在口中的餘韻。

這樣就夠了，光是這麼做，就足以感受幸福。

用五感體會生活，你會對生活中的幸福瞬間越來越敏銳。

05

「你想成為怎樣的人？」

我想問你，是否有「我想成為這樣子的人」這類的夢想或目標呢？說得更具體一點，像是：「我希望能大方的發表意見」、「我想成為笑容可掬、令他人想要親近的人」等。

我經常遇到個案表示擁有這類夢想，卻因過度執著實現夢想，結果發現現實的自己距離夢想很遠，因此陷入焦慮或憂鬱，情緒變得不穩定。

這種時候，不妨試著問問自己的內心：

「你希望自己在往後的人生中，成為怎樣的人？」

「你想成為什麼樣的人？」

（例）可以大方說出自己的意見

●

「理想中的自己」有哪種表情／姿態？

（例）自信滿滿，抬頭挺胸

●

「理想中的自己」會在哪裡？跟誰在一起？

（例）跟公司同事一起在簡報發表會的會場

●

⋮

「你究竟希望自己成為什麼樣子？」

為了讓這份形象變得更加清晰，首先要盡量具體的想像，然後寫下來。

沒錯，**為了實現夢想，盡可能具體的想像是非常重要的。**你所描繪理想中的自己是什麼模樣？越詳細越好，請清楚且具體的寫下來。很誇張的夢想也沒關係，你也可以把身邊的某個對象當作目標。就算會被周圍的人嘲笑「不可能實現啦！」也無所謂，重要的是，寫出你發自內心盼望實現的目標。

然後，進一步想像理想中的自己會在哪裡，跟誰做什麼事情，會說什麼話，有什麼感覺，會聽見旁人如何談論你……就像看電影般，你腦海中會浮現一幕又一幕的清楚片段，當然，而你不能只是看，還要鉅細靡遺的寫下來。

06 理想中的自己是什麼樣子？

你已經寫下你對理想中的自己的想像了嗎？光是寫下來，就滿足了嗎？

其實，的確有方法可以成為理想的自己：首先不要只有想像，要明確將腦中的想像化為文字。寫的時候，不能想「這是未來的目標」，而是把這些內容視為既定事項，說得極端一點，就是當作你已經成為理想中的自己。所以接下來，你平時就要以這樣的姿態來生活。

例如，原本的你害羞且安靜，但你的理想是有自信且擅長經營人際關係。請想想看，理想的自己會怎麼行動？主動和別人打招呼；說話時，會看著對方的眼

如果我更有自信，
就不用在意別人的眼光了。

睛並面帶笑容……之後你每一個動作，要想成「這是理想中的自己在行動」，也就是認為自己「已經」成為理想中的樣子了。

剛開始，有些人或許會有點緊張，但只要你感到迷惘，就想「總之做就對了」。因為這是理想中的自己所採取的行動，而不是現在的自己，就算失敗了，完全不需要自責。

07

少用卻步詞彙

好不容易弄清理想中的形象，心裡卻不踏實，忍不住想：「怎麼可能辦得到？」、「不會順利……」、「我沒辦法」。

有些人在想像理想中的自己時，心中冒出許多聲音勸自己放棄，消極想法在腦中揮之不去。這可能是因為，他們從小被身邊的人否定：「你不可能辦到！」

如果每當自己想做些什麼的時候，腦中卻總是浮現負面想法，的確很難讓人提起幹勁，難得為自己訂下了目標，卻無法積極行動。事實上，思考習慣正是癥結點。

你腦中的卻步詞彙有哪些？

- 「我不可能做到……。」
- 「一定沒辦法啦！」
-
-
-
-

想改善這種狀況，得時常提醒自己少說卻步詞彙。

「有可能實現嗎？」這種充滿不確定以及懷疑的字眼，或是「不可能實現」充滿否定性質的句子，都是造成你卻步的主因。我希望當你的腦中出現這類詞彙時，就把這些話寫下來。

然後，讓自己採取理想中的自己模式來行動。當腦中浮現消極詞彙時，就勇敢說出「才沒有那種事！」、

「不試試看，怎麼會知道！」來對抗這些負面想法，然後實際採取行動，就算只是前進一小步也沒關係，只要盡情享受「哇！我做到了！」、「一切真順利！」的喜悅就好了。

少講卻步詞彙，就能保持喜悅和興奮，這也是讓事情進展順利的祕訣。

08 想像自己是成功人士，接受採訪

接下來，我們要做想像練習：延伸、擴大理想中的自己之設定。

當你完全變成理想的自己時，你希望實現的夢想是什麼？

「雖然我還是很容易緊張，但我能無所畏懼的表達想法了。」、「終於取得證照（資格），在這個領域有亮眼的表現。」……什麼夢想都可以，請你閉上眼睛，想像「實現夢想的你」有什麼感覺，周圍的人會對你說什麼；想像自己是奧運奪牌的選手，身邊圍了好多人，大家採訪你時，你會怎麼說？

把你的想像寫在下頁圖。記得要實際唸出來，若有熟人可陪你練習會更好。

主持人　「今天我們邀請在＿＿＿＿＿＿＿＿領域獲得佳績的＿＿＿＿＿＿來到現場！」

你　「大家好，請多指教。」

主持人　「請說說你目前的心情是？」

你　＿＿＿＿＿＿＿＿＿＿＿＿＿＿＿＿＿＿

主持人　「能獲得如此亮眼的成績，請問有什麼訣竅嗎？」

你　＿＿＿＿＿＿＿＿＿＿＿＿＿＿＿＿＿＿

主持人　「可以具體的說你做了什麼努力嗎？」

你　＿＿＿＿＿＿＿＿＿＿＿＿＿＿＿＿＿＿

主持人　「今後你有什麼抱負？」

你　＿＿＿＿＿＿＿＿＿＿＿＿＿＿＿＿＿＿

主持人　「最後有什麼話想要對大家說嗎？」

你　＿＿＿＿＿＿＿＿＿＿＿＿＿＿＿＿＿＿

09 你的缺點，其實是優點

內向、在意他人的眼光、粗枝大葉、不懂察言觀色……你覺得自己有哪些缺點？面對自己的缺點時，不妨轉換思考角度，用不一樣的心態來看待自己。

舉例來說，你覺得自己內向又太過在意他人的眼光，但是換個角度來說，其實你會注意周遭人的心情，絕不口出惡言；粗枝大葉，可看作不拘小節，落落大方；老是感情用事，換句話說，是誠實面對自己的心情。

就像玩黑白棋，把黑棋翻轉成白棋。只要換個想法，缺點就會變成優點。當你發現原本沒察覺的好的一面，一定會很開心。

負面缺點

- 太粗枝大葉。
-
-

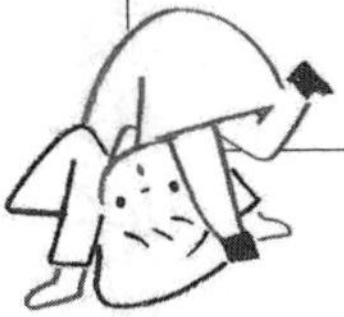

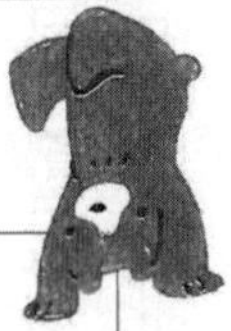

正面優點

- 不拘小節、落落大方。
-
-

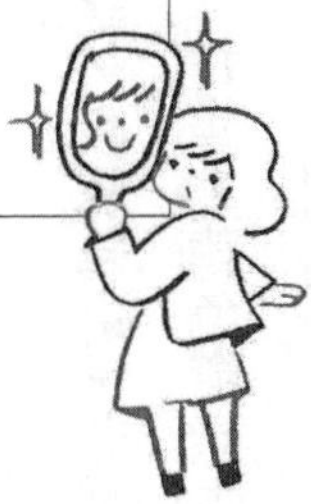

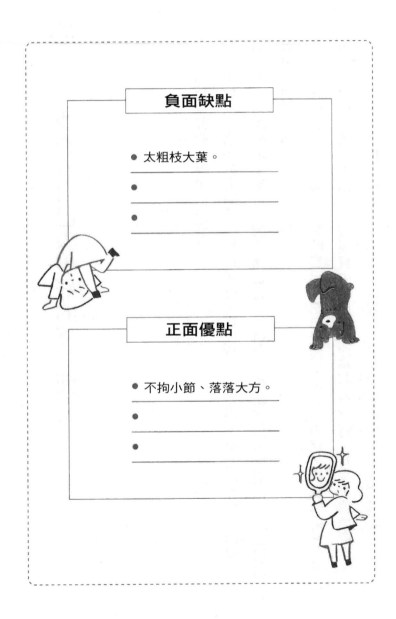

10 多看看自己表現好的那一面

你擅長鼓勵、稱讚自己嗎？

事實上，大多數人屬於「嚴以律己、寬以待人」類型。但若因此把自己搞得很痛苦，可說是本末倒置。假設你也有這種煩惱，我希望你可以把目光放在自己表現好的那一面。

前面提到，練習想像理想的自己，讓自己懷抱夢想與希望，我認為這是非常重要且美好的事。不過，比較現實中的自己和理想的自己時，有些人難免會產生負面想法：「我很差勁吧」、「我不行啦」，進而對自己生氣、感到羞恥。

何時	好的表現
5/22	雖然廚藝還不到家，但是我可以煎出很漂亮的玉子燒了！

這種時候，你應該將注意力放在「自己表現好的那一面」，然後寫下來（如上頁圖），不論多微小、多普通的事情都可以。因為只看結果，很容易對自己感到不滿意，這麼一來，容易身陷自我否定之中，走不出來。

其實比起結果，過程才是更重要的部分。多看看自己表現好的事情，然後告訴自己「我可以做到這樣了」、「我現在搞懂了」，學會享受成長的喜悅。

11

面對棘手的事，先只做一點就好

面對棘手的事物或場面時，大多數人都會想辦法逃避或繞道而行。

例如，在會議上報告、擠滿人的捷運或擁擠的電梯……甚至有不少人光是想像自己不擅長應對的場面，便湧現不安且開始緊張。

可是一味的逃避，在你的意識裡，對棘手、困難事物的反應會越來越強烈，結果徒增不安。

舉例來說，假設你不習慣待在人多的地方，那麼當你有事要出門時，很有可能會想：「去那裡可能會讓我不舒服，還是不要出門好了……。」於是更變計

只做一點點也好，
請挑戰往前一步吧。
難爬的山
迴避

畫。雖然能避免讓自己不舒服，心情上似乎鬆了一口氣，但這只是讓你變得更不擅長待在人多的地方。

以結果來說，你內心深處的不安並沒有因此減少，甚至更加惡化了。

我建議帶著「一點一點的做就好」的心情，試著挑戰自己不擅長面對的事情。以剛才的假設為例，你可以先從參加人數較少的聚會開始。試著邀請兩、三位好友，在你感覺熟悉又有安全感的環境中，一起享用午餐或下午茶。當你逐漸習慣這樣的聚會後，再試著挑戰參加人數四或五人的聚會。即使中途感覺自己仍不適應而提前離場，也沒關係。

若是對主持會議或上臺進行簡報感到卻步的人，則可以先在家人或朋友面前多練習幾次。

面對棘手、不擅長的苦差事，最重要的就是抱有「就算一次只做一點點也好，試著挑戰看看」的態度，無須著急躁進，重點是不要逃避。

12 今天的失敗，會成為明天的資產

「不想失敗」、「不能給別人添麻煩」、「不希望被認為是沒用的人」。擁有「失敗恐懼症」的人，通常害怕從事需要在人前執行作業的工作，也畏懼從未接觸過的新挑戰。

這是因為這類人認為「只要失敗，就會被討厭」、「失敗讓我很丟臉，也顯得我很沒用」，若他們發覺自己會直接面對失敗，便陷入極度的緊張與不安。對此，不如試著改變失敗二字代表的意義。

簡單來說，就是連結「失敗」與「不是壞事」、「理所當然」等概念。「任

何人都可能失敗」、「因為我還不習慣，所以失敗了也很正常」若能夠這麼想，內心自然會輕鬆不少。

或許有些人會想「只要不挑戰，就不會失敗」，不過比起不挑戰，還是轉換思維，把失敗看作是好事，會比較好。例如：「多虧這次失敗的經驗，我才能有新的發現！」、「雖然失敗了，但我又學到新東西！」如果能經常這樣想，不只心情變得更輕鬆，也會漸漸產生「太好了！」、「我辦到了！」等正向情緒。

「失敗是壞事，還是學習的契機？」答案完全取決於自己。如果你希望有所成長，就該享受而非害怕失敗。

失敗為成功之母，不論哪種失敗經驗，未來一定能成為你迎向成功的助力。

好心情沒人能給1

過度執著，會放大焦躁不安

當你浮現「我想要幸福」想法時，我希望你能明白，根據我們看待事物的角度——Doing和Being——最終能獲得的結果會有所不同。

我們常說的「吃美食」、「去旅行」等，這種以「做」為重點的行為，就是「Doing模式」。這個時候，人們容易把目光放在行動和結果上，於是給出「我做到了！」、「我還沒做到……」等評價。

另一方面，若追求幸福時把目光放在「感受自身現在的狀態」（感到快樂、有成就……），就是「Being模式」。漸漸的，你意識到自己過去忽略的事情。

不是變得幸福，而是幸福一直都在。只要你改變看待事情的角度，你就能察覺原來幸福無所不在。變幸福的訣竅，就在於降低幸福門檻。只要經常發現存在於生活中每個小小的幸福，累積起來就是大大的幸福。

為了培養察覺幸福的能力，最有效的方式是打開心胸，善用五感感受生活。

本章傳授的方法之一「你想成為什麼樣子？」，提到要具體寫下「理想中的自己」，其實這是「意象訓練」（Imagery Training）的其中一環，在腦科學領域已被證明有效，許多頂尖運動選手及成功人士都會實踐這套做法。

事實上，我們的大腦無法準確區分想像與現實。所以，若你的想像如電影畫面般，越是清晰具體，你的大腦越會認為那是現實中的光景。

因此，進行意象訓練時，想像的臉部表情、動作舉止、說話語氣、說話時的姿態等細節，越細膩鮮明，效果就會越好。

不斷想像理想中的自己，就跟學騎腳踏車或游泳一樣，多練習就會更加熟悉，一旦建立身體記憶後，不論過了多少年都不會輕易忘記。當你想像自己擁有成功經驗時，心中湧現的雀躍感，會化為動力。

結合「身體感覺」與「感情」，促使大腦加深記憶，那麼在現實中「重現」理想中的自己，會比較容易。

另外，「面對棘手的事，先做一點就好」介紹的方法，其實與認知行為治療法中的「暴露療法」有異曲同工之妙。沒人希望自己受傷或面臨困難窘境，想迴避令人不安或棘手的場面，更是人之常情。可是，迴避只是一時的，若我們不斷迴避，反而越會增長、放大面對棘手事物時的焦慮。

其實，當我們碰到難題，只有最一開始讓人很沒安全感，之後這股不安會慢慢隨著接觸次數與練習而遞減。也就是說，暴露療法就是讓我們練習直接面對那些讓人緊張不安的難題，從小小的挑戰開始，讓自己逐漸習慣。千萬不要一開始就挑戰最困難的難關，而是選擇「只要稍微努力，就能通過」的小關卡，一步步的解決難題。

若你認為自己習慣逃避，就可以使用這招，讓自己慢慢習慣面對困難。

第二章

換個口頭禪，糟心事少一半

「可是……」、「反正……」、「不可能啦！」、「好麻煩哦……」，甚至想：「厚！我一直遇到爛事，反正不管做什麼都沒用！」

正是因為這些口頭禪，才導致你面臨這種局面。

13 令人感到喜悅的詞彙：謝謝

你很容易沮喪或焦慮嗎？如果你有這樣的傾向，就先檢視自己有哪些口頭禪。反正、沒差、做不到、沒用……總是提到這些字眼的人，大多屬於做任何事都提不起勁的類型，也很容易沮喪；我好爛、很普通、又來了、為什麼不……常說這些詞彙的人，大多屬於很容易焦慮、抓狂易怒的類型。

其實，口頭禪會反映出人的內心思考模式。如果你盼望過著平穩的生活，那麼，從現在開始多說「好棒！」、「做到了！」、「好厲害哦！」、「真幸運」等正向積極的詞彙。

即使你幾乎沒有抽獎運；就算你不是厲害到足以媲美諾貝爾獎得主的偉大人士；即便沒有可說嘴的成就，都無所謂，重點是察覺生活中的好事，然後稱讚自己，讓脫口而出的話語，都是能讓人快樂的正面字句。

最令人感到喜悅的詞彙是「謝謝」。因為存在於我們身邊的所有人事物，從來不是理所當然。即使是瑣碎的事情，也要懂得感激。

14 取一個只有自己知道的暱稱

討厭、辛苦、悲傷、焦慮、孤獨……你的內心現在是否塞滿各種情緒？這段時間以來，你究竟經歷了什麼？或許你有很長一段時間都在痛苦中度過。

每當我進行諮商時，我都期許自己要能對個案說的話感同身受，因此我會好好傾聽他們說的話。但我不可能擁有與每一位個案完全相同的經驗。他或她說的辛苦或傷心，究竟到哪種程度？這些感受無法透過諮商來完整傳達。

最能理解你的，就是自己。本書重點是希望你能好好的面對自己。所以面臨煩惱時，就不斷和自己對話吧。與自己對談時，你會怎麼稱呼內心的自己？

用暱稱稱呼內心的自己，
然後鼓勵他。

以我為例，我會在心中稱自己為祐子或小祐。或許有些人認為直接用名字稱呼自己，感覺很奇怪，我以前也這麼想，不過多次與自己對話後，就漸漸習慣了。如果不想用名字，也可以取一個你喜歡的暱稱。

當你能很自然的對自己說「○○很努力，所以沒事的」時，你的心靈很快就能重新振作。

15

不安時，對自己說「還不一定吧！」

「好像會惹對方不開心」、「大概會失敗」、「似乎會被罵」每每浮現這類想法時，你應該會很緊張和害怕吧？明明不是真的發生的事情，人卻因預期心理而「提前」不安。

我建議你可以在這些想法的後面，加上一句「不一定吧！」之類的話。

這麼一來，狀況就會變成「好像會惹對方不開心？不一定吧！」、「不一定會失敗」、「誰說一定會被罵？」這也可以說是一種正面思考法。

告訴自己現實不一定會如想像般糟糕：「說不定什麼壞事都不會發生」、

「搞不好很順利」、「也許會有意想不到的好事」等。實際上，所有事情本來就不可能只朝壞的方向發展，只要客觀思考就能明白，任何事情的發展有各種可能性。

總是負面思考的人，不妨在那些消極想法的後面，練習加上「不一定」之類的話。畢竟，只要稍微改變想法，就能大大安撫心中的緊張與不安。

16

「一定沒問題」的沒問題魔咒

深陷不安時，不論是誰，腦子裡會浮現一個又一個壞念頭，就像一顆接著一顆，數也數不完的念珠一樣，結果越想越煩惱，如同落入難以掙脫的漩渦之中。

我將這種狀態稱為「負面螺旋思考」。

當人進入該模式時，自然會接連產生「那樣子不行吧？」、「我真的可以那樣做嗎？」等念頭，腦子為了一一驗證這些想法，於是不停的運轉，這不只無法消除心中的不安，還會增加煩惱，進而形成負面循環。

這種時候，你要對自己說：「放心！我沒問題！」

「放心吧！」、「就算現在還做不到，但遲早我會成功！」、「不需要依據，我知道我一定可以！」

先說聲「沒問題！」讓自己稍微冷靜下來，再告訴自己「我一直有好好努力，所以一定沒問題！」然後靜心思索，有哪些自己一定做得到的理由。在這個過程中，你會發現「沒問題魔法」漸漸生效。

想擁有不會輕易動搖的

自信，重點在於知道自己的優點，並且相信自己潛在的力量。

發自內心認為自己「沒問題」，全然信任自己「肯定做得到」。這麼一來，不論遇到什麼樣的困境，相信你可以克服難關。

17

「必須」讓人成長，也會陷入痛苦

「報告必須做得完美。」

「打掃、採買、晚餐備菜……這些事情一定要在出門前全部做完。」

你是否經常被「不……不行」的想法綁架，而感到窒息？試著放下執念吧。

這種「一定／必須／不……不行」的思考模式，用英文來說就是must，要是一直陷入這種思考模式，不只行動受限，整個人也會越來越痛苦。

堅持每一件事「必須」照著心中所想進行，或許出發點是希望鞭策自己成長，逐漸靠近「理想中的自己」，但長時間讓自己處在這種高壓的狀態下，心情

自然會更加緊繃，甚至失去彈性。萬一事情的發展不如預期，很有可能陷入強烈的自責之中。

可是，我們的生活本來就不可能全部都按照「理想」發展。

若是一直想著「明明應該這麼做，為什麼我做不好？」、「明明不這麼做不行，但是我怎樣都沒辦法辦到！」不只心情沮喪，還會開始對自己感到憤怒。

除此之外，如果把「必須」思考模式套用在他人身上時，你肯定很容易覺得對方不符合自己的期望，「居然做不好這件事！」甚至如此批判對方。

「必須」思考模式或許有助於構築理想又有規矩的生活模式，但執行得太過死板、徹底的話，就會變成傷人又傷己的武器了。不妨停下來想一下，你是否在不知不覺中，被「必須」控制住思維。

18

出現自我否定，要馬上說：「算了，沒差！」

「這樣下去一定會失敗」、「不更努力一點不行」、「這種小事誰都辦得到，沒什麼好高興的」你是否經常像這樣貶低、否定自己？

越想追求理想，越會嚴厲鞭策自己「不可以得過且過」、「要把自己逼到極限、全力以赴」。乍看之下，對自己有「高度要求」，似乎是很厲害、很了不起的事，但其實長期下來，反而會讓自己陷入無限自責與沮喪，心裡充滿無力感。

如果，你已經習慣責備甚至否定自己，我希望你能從今天開始，試著對自己說：「算了，沒差！」讓這句話變成新的口頭禪。

算啦，沒差！

當你能這麼想，就代表你可以接受出乎預料的狀況，也可以放過自己與他人。或許有些人聽到「算了，無所謂」，會生氣的表示：「怎麼可以就這麼算了！」但我希望即使有人氣沖沖的反駁你時，你還是要對自己說：「算了，沒關係。」持續練習說這句話，你會越說就會越習慣，也越能接納自己。

19 失敗，不該用來責備自己

我還是研究生時，不僅成績不優秀、笨拙，還天天出包。每當我又搞砸某些事情時，我都非常沮喪。當時，我的指導教授總是對我說：「別再想了。」教授總是不厭其煩、一而再、再而三的說這句話。

他說：「別再想了。」

我卻惱羞的反問：「不然要怎麼辦嘛！」

教授沒有正面回應我，仍說著：「別再想了。」然後放著我不管。

我跟著教授學習多年，從某天開始，他再也沒有對我說那句話了。

不鑽牛角尖，
就不會沮喪！

你覺得是為什麼呢？

其實答案很簡單，就是我變得「不會再多想」了。

別一直用已經過去的失敗來責備自己，而是思考「接下來可以怎麼做」，帶著積極向前的心態採取行動。

若你感覺自己很容易鑽牛角尖，陷入負面思考中，請試著在心中大聲告訴自己：「別再想了！」

20 稱讚不要悶心裡，說出來

想改變自己、想要擁有自信，第一步就從「好好稱讚自己」開始吧。每一天都要把稱讚自己的話實際說出口，這是非常重要的事。

舉例來說，你可以這麼做：從現在開始，每晚睡前回想自己今天做了哪些事。我想應該多少有幾件做得很好或是你很努力的事情。當你想到這些「好事」時，就用一句話來讚美自己。此外，記得要用名字或暱稱來稱呼自己。

像我的話，我會說：「今天發生好多開心的事，小祐真的好棒！」再強調一次，一定要說出來。你可以利用洗澡時在浴室裡面說，也可以躲在棉被裡面說。

但是，不可以像確認每日工作那樣，簡短一句「今天有做家事」就結束了。而是「〇〇，今天很認真的做好家事，你超棒的！」具體的誇獎自己。**如果實在無法想出任何值得一提的事，或覺得自己就只是「活著過一天」而已，也可以稱讚自己：「〇〇，今天又平安度過了，這樣很好喔！」**

「稱讚自己」絕不等於「自我感覺良好」（按：指

有著強烈自信、難以聽取他人意見、缺乏同理心等特質，把自己當作特別的存在），更不是讓自己越來越得過且過。這個方法是為了讓你停止過度放大自己的缺點，避免陷入自貶的負面循環中。

想建立不會輕易動搖的自信，就每天好好的稱讚自己。如此一來，即便未來發生失敗或討厭的事情，你也能坦然接受，不再鑽牛角尖。

21 別怕向外求助

有一種人，明明自己忙得焦頭爛額了，聽到旁人詢問：「需要幫忙嗎？」、「有沒有什麼事情我可以幫你呢？」卻回答：「我不要緊！」、「謝謝，不過我不需要幫忙。」你覺得自己屬於這種類型嗎？如果是的話，你可真是虧大了。

為什麼我會這麼說呢？

因為你錯失與他人交流的大好機會，同時也失去讓自己喘口氣、善待自己的時機。

讓自己成為一個懂得在緊要關頭時向外求助的人吧。當你忙到昏天暗地、甚

至影響身心時，試著對身邊的人尋求協助，如「請幫我一下」、「請教我……」。

有些優秀、能力很好的人可能會想：「與其拜託別人，不如我自己來比較快。」實際上，這麼說或許也沒錯。但是，「向他人求助」可以成為「與他人交流的契機」，跟效率問題無關。而且，比起獨自抱頭煩惱，向他人請教、尋求幫助，還可能學習新知。

向他人求助，並不表示你很無能。甚至應該說，**懂得向他人求助，代表你是一個可以與他人共同合作的人。**

當你處於緊要關頭或是分身乏術的狀態時，請千萬不要自己硬撐，要記住，自己的身心狀態才最值得你重視。向外求助其實是一件很美好的事情。

22 多收藏元氣語錄

我念研究所時，當時的指導教授對我說：「妳是一個很 vitality（活力、有精神）的人。」

那時候的我不知道這個單字的涵義，所以不明白教授這樣說是誇獎我，還是揶揄我。於是我問：「vitality 是什麼意思？」結果，教授翻了白眼，說：「妳不會自己去查啊？」這段往事我到現在仍記憶鮮明。

在我查了這個單字的解釋後，教授當時對我說的話，便成了我的精神支柱。此外，教授也對我說過：「妳不能鬆懈停下，要一直向前邁進！」這些話語都成

收藏屬於你的元氣語錄

- 你總是笑得很開心。
- 你的觀點總是與眾不同！
- 你是一個充滿生命力的人！
-
-
-
-

了支持我努力的力量。

你是否像我一樣，擁有自己的元氣語錄？

某個人曾對你說過的話、書中的某個章節或電影臺詞。只要能讓你每次想起時，都可以提振精神、恢復元氣，那麼都可以列入元氣語錄中。

你可以常常在腦中播放自己的專屬元氣語錄，相信每當你想起這些話語時，一定也能找回初衷，重新提振精神。

23 比起「不好意思」，說「謝謝」會更好

當別人對你說「謝謝」時，你會有什麼感覺呢？

我想，應該會產生類似「我幫上忙了，感覺真好」、「被人感謝，感覺好開心」等快樂的心情吧。沒錯，「謝謝」不只是傳達感謝而已，還能帶給對方幸福感，是充滿魔力的一句話。

當我們接受別人的幫助，比起說「不好意思」、「真抱歉，麻煩你了」這種道歉性質的話，不如說「謝謝」會更好。

換了立場想，若你是伸出援手幫助對方的人，相信你不會希望對方對你的幫

助感到「抱歉」，而是希望聽到對方說：「謝謝。」感受到對方的感激之情，也會覺得高興。

不管是走在路上，迎面而來的人主動讓路，讓你先走；或吃飯時，身旁的人幫你拿調味料……就算只是小事情也沒關係，只要你向他人表達感激，就能傳遞快樂的心情，讓自己與他人都感受到幸福。

24 深呼吸，慢慢來，好好說

一時的情緒暴走，害你總是口出惡言、傷害對方嗎？試著練習下面四個步驟，可以讓你的溝通更有效率又不傷人。

1. 理解自己的情緒

首先，理解自己當下產生什麼情緒。例如，「我現在受到打擊」、「我感到憤怒」、「我覺得自己遭受了背叛，心情很差」等。知道到自己的情緒開始高漲，就先好好的深呼吸。

2. 在腦中整理自己要說的話

你的情緒與想法肯定是最重要的。因此要好好的思考「自己想要怎麼做？」而且越明確越好。

通常人在情緒快要暴走時，會過度在意對方的反應，導致在與對方溝通之前，自己就先預設立場，例如「如果我這樣說，他會怎樣？還是我該那樣說？」結果想得越多，情況反而越糟。其實你應該自問：「我究竟希望怎麼做？」

3. 慢慢來、好好說

你知道自己的情緒高漲，心中一股衝動壓抑不住，但此時你又很想要與對方溝通，這種時候，我建議你更應該要「慢慢來、好好說」。

你可以先用「那個……」之類的語助詞當開頭，說完後先深呼吸，然後再說：「可以跟你談一下嗎？」說完這句之後，再深呼吸一次。用比平常還要慢好幾倍的速度慢慢說。

4. 別說多餘的話，講重點

有些人在溝通時，經常說著說著，就開始翻起舊帳。當你脫口而出「你之前也是這樣啊！」這種話時，原本的溝通就會迅速轉變成爭吵，因此要特別注意。

當下只要把你最想要溝通的重點說出口即可，越簡潔越好。當然，不要用批判口氣，試著用「表達自己的需求」的角度，會更好。

25 說事實，理情緒

因為被高漲的情緒干擾，導致溝通時，總感覺自己越說越不清楚自己到底在說些什麼。有這方面困擾的人，可以透過以下四步驟來理清思緒，讓你能好好表達自己的想法。

1. 先說情緒化以外的話（事實）

首先，想想你究竟想要告訴對方什麼事情，例如，你有什麼想法，想要怎麼做等。把情緒先放到一邊，「我希望他能教我」、「我只是想確認」、「我希望能委婉的拒絕對方」、「我只是希望對方能認同我」……試著把自己的理性訴求一項項寫下來。

2. 先說重點或結論

有些人說話給人感覺不知道重點是什麼。其實這是因為他們認為，一定要先講清楚事情的來龍去脈。為了讓溝通變精簡、有效率，直接先說重點或結論，是很有效的方式。

「請確認修改的部分」、「行程有變，請看看日期有沒有錯」……就跟你在職場上，簡潔扼要傳遞的工作內容一樣。

3. 說明來龍去脈

先說完重點或結論之後，就可以接著說明來龍去脈了。如果顛倒第二點與第三點的順序，就會讓別人產生「這個人說話好像沒什重點」的印象。另外，或

許你會想「我只是希望他能明白我的心情」，但過度強調，就會變得一廂情願。在表達自己的情緒前，還是先透過寫筆記來整理思緒，會比較好。

4. 確認彼此認知是否一致

為了避免各自解讀，雙方在經過溝通之後，最後還要確認彼此對溝通結果的認知是否一致。

好心情沒人能給2

「自己對自己說的話」最能產生影響

口頭禪可以反映一個人的思維及生活模式。

習慣說「但是」，代表你沒開始做，就已經先抱持否定心態。

習慣說「反正」，代表你很容易覺得「一定不行啦」、「肯定會失敗啦」，顯得態度消極。

總說「可是」，代表你很習慣為自己找不做的理由。而在責備自己或他人時，就會用「為什麼」。

至於老講「不知道」，則代表放棄思考。

事實上，**口頭禪**不只是掛在嘴邊說說而已的幾個字，也是你對內心發送的訊息。如果你的口頭禪帶有消極字眼，長期下來，你的思維模式甚至人生態度，都因此變得負面。

所以，從現在起，讓正面積極的話語變成你的新口頭禪。對自己發送正面訊息，這麼一來，你會更接納自己，同時變得更加肯定自己，行動變積極，進而改變人生。

第三章

從悶悶不樂
走向神清氣爽

總是看對方的臉色、過度在意他人的想法、習慣負面解讀別人的話語……
我們無法改變他人，但可以轉換思維，來掌握人際關係。

26 別讀心，直接問

「他一定這麼想！」、「那個人應該很討厭我吧……。」

你曾像這樣在心裡揣測別人的想法嗎？揣測他人想法的思考習慣，在認知行為治療法中，稱為「讀心術」，也就是所謂的「預設立場」。若你也會預先猜測他人想法，甚至因此產生不好的情緒，最好趕快改掉這種習慣。

我們不可能了解別人真正的想法和心情。所以，**停止擅自想像與臆測，就能減少無謂的焦慮與不安**，不被根本不清楚的事影響心情。畢竟，唯有開口和對方溝通，才能明白彼此真正的想法。

我們不可能了解其他人真正的想法，
所以別擅自猜測，直接問對方怎麼想吧！

27 老在意他人眼光？沒人在乎你呀！

你覺得自己太過在意他人眼光嗎？

如果你非常在乎周圍的人對你的看法和評價，請你從現在開始，練習對自己說：「不要管別人怎麼想！」

太在意他人的眼光，導致過度緊張甚至連話都說不好，漸漸的，只要待在人多的環境就容易感到不安。

但實際況狀其實跟你想的不同：周圍的人根本沒注意你，更不可能一直盯著你的一言一行。大多數人光是顧好自己都來不及了，自然沒有多餘的心力去注意

不管別人怎麼想，我清楚
自己的優點就好。

自己以外的人。

更重要的是，**你是怎樣的人、關於你的價值，完全不需要倚賴他人來對你評頭論足**。

或許你會想：「即使我如此不安，仍努力撐到現在，也經歷很多辛苦的事情……。」但其他人怎麼可能知道你這些心情。

如果有某人只看到你某一面就嘲笑你，你大可無視對方。像這種根本不了解你的人，也不需要跟他往來。

「不用管別人怎麼想。」、「自己的優點自己最清楚，這樣就好。」

試著練習對自己說這兩句話吧。別人的想法一點都不重要，因為你其實擁有很多別人不知道的優點。

28 別當正義魔人

走路滑手機、搭捷運時有人插隊……社會上有很多人不守規矩。看著那種人，你會感覺很焦躁嗎？正義感越強、個性越認真的人，越容易因此感到不快。

「他那樣是錯的！」如果你很容易因為這樣變得煩躁又易怒，不妨在自己和他人的價值觀之間，劃下一條分界線，然後想著「我會這麼做，但對方不會」、「我是我，他是他」。

例如，在捷運裡，某個坐在椅子上的年輕人前面，有一位年長者站著，年輕人沒有打算讓座。或許你看不慣這種畫面，對那位年輕人感到憤怒，暗自指責

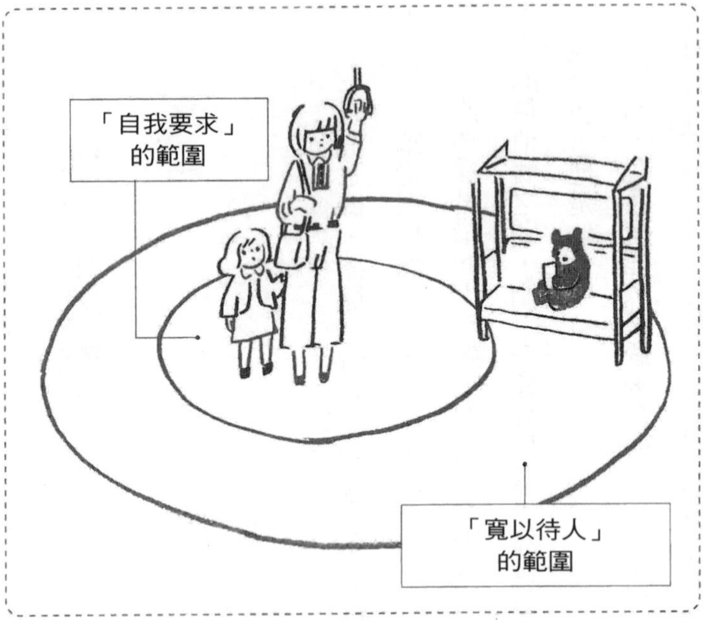

對方：「居然不讓座！」這時，不妨轉換思維：「那個人竟然不會讓位，要是我，才不會像他一樣，我一定會把座位讓給需要的人。」然後淡定的接受眼前的事實，讓心情慢慢平復下來。

再舉幾個具體說法，你可以在心裡想：「哼，好自私的人。」、「真是什麼人都有。」、「說不定那個人其實身體很不舒服吧。」

當然，你也可以主動開

口，請對方讓座給年長者。

但千萬不能忘記，**你認為的「應該」，不代表別人也覺得「應該」**。

當你感覺自己快要變身為正義魔人時，不妨想著「或許對方也有苦衷」，或許就能消除那份焦躁感。

29 先別貼標籤

「他很難搞！」、「從那人說話方式這麼粗魯來看，搞不好他會打人。」、「雖然他裝得一副好人樣子，話也說得很好聽，但八成想利用我⋯⋯。」

用先入為主的主觀印象來判斷對方是什麼樣的人，就是「貼標籤」。你會給身邊的人貼標籤嗎？想想看，某個讓你感覺很難應付的人，你會先想到對方有哪些特質？請具體的寫下來。愛說謊、冷淡、粗暴、壞心眼、可怕的人⋯⋯當你寫完後，是否發現自己擅自在對方身上貼了很多標籤？

接下來仔細想想，他有沒有「讓人感到意外的一面」？例如：他很重感情、

心思細膩……透過這樣思考，你會慢慢摘下有色眼鏡，甚至突然覺得，那個人其實沒有你想的那麼糟糕。

任何時候都不要用先入為主的印象來評斷他人。而是不斷提醒自己：「人有很多面向」、「人的行為會因環境而有變化」，這麼一來，你才能在對方身上看見之前沒發現的一面。同時，也要記得「我也會因為環境或身體狀況，而展現不同的態度」，藉此提醒自己要寬容對待他人。

順帶一提，光用想的，人很容易不小心往壞的方向鑽牛角尖，變成一直去想對方「不好的地方」，反而可能對心理造成負面影響。不如藉由書寫，可以讓自己更客觀的面對。

30 我很好，你也很好

忍不住想批評對方，或容易自卑、怪罪自己。你覺得自己是哪一種？

習慣批評對方的人總抱著「我是對的，你是錯的」的心態；而習慣怪罪自己的人，多半想著「我一定是錯的，你才是對的」。還有一種人，經常覺得不管什麼事都沒差、沒救了，其心態是「我不好，但你也好不到哪去」。

那麼，該怎麼做才能有所改變呢？

答案就是，讓自己保持「我很好，你也很好」的平常心。

看到他人獲得成功，不代表你是失敗者。就算對方的價值觀與你不同，也並

人與人的相處，不是在玩翹翹板，
沒必要分高低。

不表示對方一定是錯的。

人與人之間的相處不是在玩翹翹板，沒有必要一定有一方在上、一方在下。

當你忍不住想指責對方或者是陷入自我厭惡時，請對自己說：「我很好，你也很好。」

在腦中想像翹翹板的兩端，沒有誰高誰低，保持平常心，生活就不會失衡。

31 過度保持距離，不受傷但也無法建立關係

因為對他人的情緒變化很敏感，總是搞得自己心累；有時候對方過於直接的言論，讓你很受傷……。

深受人際關係所苦的人，因不想受傷，所以會為自己建一道厚實的防護牆，讓自己躲在裡面，可是堅實的自我防護，會讓其他人覺得你很難親近；一旦離開防護牆，自己毫無防備，又容易因他人言行受到傷害。

為了保護自己不受到傷害又能與他人維持交流，你可以想像自己被一個看不見的透明泡泡包起來，就像進入透明膠囊裡。因為泡泡是透明的，所以你可以看

適當的距離，可以建立人際關係，還能保護自己。

到對方的表情，就算他有什麼反應，泡泡能緩衝對方的情緒，避免讓你直接受到傷害。

此外，也不會讓人覺得你難以親近。你可以放心和對方保持適當的距離，讓自己在充滿安全感的情況下，與不同的人互動交流。

當你越來越習慣使用這個方法，你就能保護自己同時構築人際關係。

32 不要怕得罪人

總是看對方的臉色；小心翼翼的不激怒或刺傷對方；怕惹對方不開心，所以不敢說出自己的真心話……許多人過度顧慮對方的想法，為了場面和諧只好說不著邊際的違心論，搞得自己心好累。

不論是誰的想法或舉動，都不存在唯一正確的標準答案，就算對方的價值觀和你不同，也不代表你／對方一定是對或錯的。

練習坦然接受「別人的想法和我不一樣」。

先釐清自己的想法與價值觀，了解「自己是什麼樣的人」，知道自己想要什

麼、做什麼、說什麼。順位一定是自己在前，然後才是「不知道對方會怎麼想，問問看吧！」

因為每個人都是獨立個體，所以不需要跟他人比較。你的認知不等於別人的認知；事實上，所謂的常識也因人而異。

越想「不要得罪人」，反而越沒有辦法好好說話。

就算得罪人也沒關係，放心說出自己的想法吧！

但前提是你要先弄清楚自己真正的心情，所以與自己對話是非常重要的。請你好好聆聽自己內心真正的聲音。

如果你覺得自己「實在不想得罪人」導致無法說出真心話，你可以參考第二章內容，試著放開心胸，勇敢表達自己的意見吧。

33

與其生氣，不如看愛賣弄的人表演

你應該遇過很愛自賣自誇、老擺架子、對人不客氣的人，例如，某些主管或長輩，這種高高在上的模樣，都會讓我們心裡不舒服。面對這類型人時，不妨試著「逢場作戲」，也就是順著對方的話。

對方說：「我很厲害吧！」你可以這樣附和：「真的耶！」或是「可以教教我嗎？」

當然，這不是要你卑躬屈膝或拍馬屁。再次強調，每個人都是獨立個體，你有屬於你自己的樣子，只要做自己就很完美了，沒必和對方爭輸贏。你可以想成

為了讓雙方的互動更圓融，自己當起臨時演員，「逢場作戲」的配合對方。

或者，你也可以當作是自己給他表演機會，讓那些自以為是的人盡量賣弄吧，你只要看他表演就好了。

透過這種轉念，就能穩定自己的情緒，不再輕易受到他人的言行影響。

34 與麻煩的人往來時，把對方當「天氣」

以為對方突然生氣了，結果對方卻來示好；以為和某人變熟了，卻被對方無視；不管提醒多少次，某人都不能好好遵守約定；溝通時，有些人只顧著自己，完全不考慮別人的心情……和這種性情反覆無常又自我中心的人往來，想必你總是因被耍得團團轉，而心累又鬱悶。要是對方還一副無關緊要的樣子，更是讓你忿忿不平。

我建議，就把這種人當成「天氣」。天氣變化多端又難以捉摸——可能早上是晴天，結果到中午突然下雨了——面對天氣變化，我們通常認為「雖無奈但也

沒辦法」。

重點是讓自己不要隨著對方的言行及情緒起舞。

我們無法改變他人，但是我們可以選擇改變自己，讓自身心靈變得穩定，不再因他人的一言一行而搞得疲累不堪。

人與人之間的往來，就跟天氣一樣。如果你看到某人似乎很陰鬱煩悶，不妨想像「他今天在下雨」，或許這樣能讓你感覺輕鬆一點。

35 有夥伴就不孤單

本書介紹的方法，到目前為止你實踐了多少？

有些人可能覺得「一個人做，很快就懈怠了」、「沒辦法堅持下去」。確實，若一直只有自己埋頭苦幹，好像會越來越沒勁，也很難持之以恆。

想要持續實踐的祕訣，其實就是找到夥伴。我致力於線上諮詢及經營可以「群組共聽」（Group Session）的線上社群。因為我認為擁有同樣煩惱的人聚在一起，可以成為彼此的夥伴一起努力，效果絕對會比獨自努力來得好。

因為當你擁有夥伴，就不會覺得自己很孤單，還能從彼此的交流與扶持中得

到鼓勵，「原來不是只有我做不好」、「既然夥伴都能成功完成那件事，我也想挑戰看看」，進而建立起革命情感。除此之外，與夥伴交流時，或許有些意見會引起你的共鳴，能讓你察覺自己思緒上的盲點。

如果你閱讀了本書，想持續實踐書中的方法，請務必找到夥伴。家人、朋友或同事都可以。最重要的是，彼此互相打氣、提醒，分享心境。

若是你**感覺自己長期陷入鬱悶狀態**，始終無法消去心中的陰霾，那麼千萬不要一個人默默忍耐，請**務必前往醫療機構尋求專業的協助**。

醫院的身心科、精神科、國家認證心理師、臨床心理師等專業諮詢診所，都一定會伸出援手，給予最適當的協助。

好心情沒人能給3

為什麼人際關係令你焦慮？

不少飽受人際關係所苦的人，都是年紀還小時，在親子或同儕等關係中受到傷害，因而在心中留下陰影。

「如果不好好努力，我就沒有存在價值。」

「取悅他人是我的責任。」

「如果我派不上用場，就會被捨棄。」

「沒有任何人理解我。」

這些陰影會深深影響長大以後的人際關係。

你覺得自己總是因為他人的一舉一動而焦慮不安、彷彿失去自我嗎？

你需要做的是，好好傾聽自己內心的聲音。你擁有屬於自己的價值，完全可以自然的表達心情，安心的做自己。

不過，做自己的同時，也別忘記別人也跟你一樣，都是值得尊重、好好對待的個體。儘管別人跟你思維、價值觀不同，但也並不表示對方一定是錯的。

人際關係的最佳解方，就是互相尊重、保持良好的社交距離。

第四章

整頓生活習慣

很多時候，我們以為是心靈層面的問題，其實都是不良的生活習慣造成的。

36 習慣的機制：反覆和持續

你會為了早起，設定了好幾個鬧鐘，還把手機放在枕頭旁邊嗎？不過現在，你有習慣早起嗎？我想大多數人即使想養成早起習慣，卻無法堅持下去。其實這很正常，因為人很容易回到自己以往的做事方式，在心理學上，稱為「體內平衡」（Homeostasis）。

這種機制是指「生物會盡量維持所處生活及環境的平衡，保持不變」。對我們的大腦而言，維持目前生命存續的「現狀」，是大腦的最優先事項，不論當下狀態是好是壞，只要「持續」就能感到「安心」。

在這樣的機制下，若可以建立良好習慣，自然是一件好事。例如，習慣每天為孩子做便當的媽媽，即便想著「今天孩子要參加大考，所以不用準備便當」，但一回神，卻發現自己走進廚房，甚至開始做菜了。也就是說，當人一旦建立某個習慣，身體會很自然持續這個動作。

這也是為什麼，原本沒有早起或運動習慣的人，就算突然決定「隔天開始早起」、「明天開始運動」，卻往往堅持不了三天就放棄，相信很多人都有這種經驗。

所以，當我們決定要執行某個想法或行動，必須有意識的持續讓身體習慣這些變化，才能讓這些想法或行動真正變成習慣。也可以說，養成新習慣，就像在跟人體內的平衡機制戰鬥。

同理，在你決定開始實踐本書的方法時，請務必反覆練習與嘗試，讓這些技巧變成你的習慣之一吧。

37 寫生活紀錄，就能看出狀態不好的主因

當你覺得自己「今天的狀態好像不太好」時，不妨開始寫生活紀錄。因為生活步調與情緒變化息息相關，想要找出影響自己身心的關鍵原因，生活紀錄就是不可或缺的重要參考資料。這在社會心理學中稱為「自我監控」（self-monitoring），客觀的記錄自己每天的生活，如此就能從中發現異同之處。

例如，昨天早上幾點起床？幾點吃早餐？上午做了什麼？何時享用午餐？下午又做了哪些事？幾點吃晚餐？什麼時候洗澡？今天滑手機或看電視多久？可參考下頁表格，像這樣，記錄自己一整天的行動。

來寫生活紀錄表吧！

時間	月　日（　）	月　日（　）	月　日（　）
6：00			
8：00			
10：00			
12：00			
14：00			
16：00			
18：00			
20：00			
22：00			
24：00			
2：00			
4：00			

另外，在寫生活紀錄時，也可以一併記下溫度及天氣變化，因為這些環境因素也會影響人的情緒變化。這麼做有助於你察覺身心狀態與外部環境之間，有什麼關聯性。

38 製造幸福荷爾蒙

你經常莫名感到焦躁、低落、難以入眠，甚至容易緊張不安嗎？這或許是因為你的身體缺乏「幸福荷爾蒙」。

所謂的幸福荷爾蒙，其實就是「血清素」（Serotonin），它是腦內神經傳導物質之一，主掌幸福感，能提振精神、預防憂鬱。只要血清素與主掌亢奮與快樂情緒的「多巴胺」（Dopamine）、主掌壓力的「正腎上腺素」（Noradrenaline）的分泌達成平衡，就能穩定情緒，安定精神。

當體內血清素低下時，多巴胺與正腎上腺素也會受到影響，導致內分泌失

血清素含量

調，進而產生了諸如焦躁、緊張與不安等情緒，甚至還會出現攻擊傾向。

增加血清素的分泌，能穩定我們的心神，讓我們得以擁有正面積極的能量來迎接每一天。關於製造幸福荷爾蒙的訣竅，我會在下一個章節介紹。

39 心情不好，就早點睡

相信很多人都聽過「有什麼討厭的事，睡一覺就忘了」這句話，其實這是人的睡眠機制有好好發揮作用的寫照。

睡眠不只能消除身體的疲勞，大腦也會利用睡眠（休息）時整理記憶。

睡眠可略分兩個部分：快速動眼期（rapid eye movement，簡稱REM）、非快速動眼期（non-rapid eye movement，簡稱NREN）。當身體進入睡眠之後，就會在快速動眼期和非快速動眼期之間交替循環。大致來說，深層睡眠屬於非快速動眼期，淺層睡眠屬於快速動眼期。

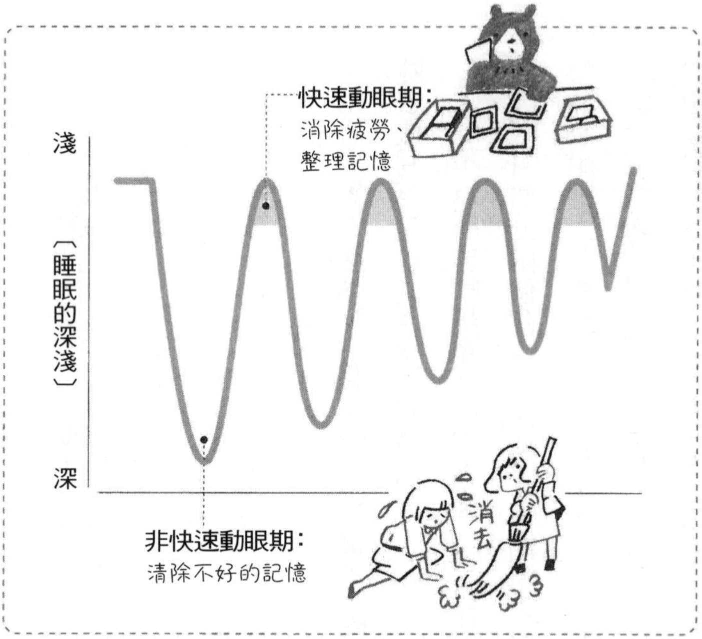

基本上，人的睡眠週期以深層睡眠與淺層睡眠為一組，每晚大約有四至五次的循環。非快速動眼期就是大腦的休眠時間，此時大腦會開始清除不好的記憶；而快速動眼期則是身體的休眠時間，此時眼球仍會動作，此時也最容易作夢。

進入淺層睡眠期，大腦會連結白天產生的新記憶與腦內有的過去記憶或經驗，有點像建檔，如此日後你就能很順暢的回憶。

深層睡眠與淺層睡眠交互作用，讓身體與大腦都能充分獲得休息，還能整理每一天的記憶。

因此，若你當天發生了不愉快的事情，建議可以早一點休息。透過充分的睡眠來消除不好的記憶、大腦也會好好整理一整天下來的種種經歷。另外，搭配上一節所提到的生活紀錄表，記錄自己每天的睡眠時間也很有效。透過資料來客觀分析睡眠狀況，說不定會有意外的新發現。

40 一天至少要花十五分鐘晒太陽

長期失眠、睡不好，導致心情一直很焦躁，不但無法集中注意力，做事也提不起勁。睡眠問題對日常生活造成的影響不可小覷。想在就寢時間自然入睡、早上能好好的醒來，到底該怎麼做才好？

解決睡眠問題的關鍵，其實是太陽光。

當人體透過視神經接收陽光等強烈的光線訊息，有睡眠荷爾蒙之稱的「褪黑激素」（Melatonin）就會停止分泌，並開始加速分泌皮質酮（Cortisol）。皮質酮能消除睡意，讓人體開始活動。很多人有起床氣，其原因就是體內的皮質酮快照照陽光，就能遠離憂鬱。

速上升。

陽光讓褪黑激素停止分泌，接下來就開始分泌幸福荷爾蒙血清素了。**一天最好花十五至三十分鐘曬太陽**，來刺激人體分泌血清素。此外，由於血清素無法囤積，所以每天曬太陽是最理想的。事實上，血清素有助於生成褪黑激素，所以白天多多分泌血清素，對於夜間的睡眠也會非常有幫助。

早上接受陽光的洗禮，

約十五個小時後，褪黑激素會重新開始分泌。

你都幾點睡覺呢？若是晚上十一點就寢，往回推算十五個小時，那麼早上八點就需要好好晒太陽。

如果是沒有固定睡眠時間的人，可以以十五小時為參考數值，每天設定自己的晒太陽的時間。

每天好好吸收陽光的力量，也能有效預防憂鬱症。

41 別吃果醬土司，改吃火腿起司三明治

血清素雖使人穩定情緒，可是因無法囤積，必須仰賴每天的分泌。色胺酸（Tryptophan）是製造血清素的重要元素，是一種人體無法自行合成的必需胺基酸，可透過富含色胺酸的食材來攝取，如豆腐、味噌等豆製品；優格及起司等乳製品；鮪魚、鰹魚等紅肉魚；還有芝麻、花生、雞蛋、香蕉、南瓜。

另外，現代人普遍維生素B群攝取不足。維生素B群與能量代謝及生成大腦神經傳導物質有關，所以缺乏維生素B群，不只身體很容易疲倦，也會使人注意力不集中、容易焦慮、生氣。

想攝取維生素B群，可多吃豬肉、肝臟、牡蠣、鮪魚、雞蛋等天然食材。例如，我和家人早上不吃果醬土司，而是吃火腿起司三明治，有時還會加上香蕉佐優格。最近我也試著用花生做料理。有時則享用和風早餐：納豆拌飯、有豆腐的味噌湯，再配個火腿荷包蛋。晚餐可吃薑燒豬肉或加了牡蠣的廣島燒。在平時飲食中，多攝取胺基酸及維生素B群，好處多多。

42 選碳水化合物以外的零食

你經常在下午的點心時間，吃洋芋片或餅乾、甜麵包之類的食物嗎？是否會因為下午吃過點心，感覺肚子不太餓，於是晚餐就隨便吃？

現代人很常用垃圾食物來解決一餐，但這種營養不均衡的飲食方式，正是導致「新型營養失調」（按：指體內熱量攝取充分，但必要營養素卻漸漸不足，結果導致營養失衡。跟以往認知的營養失調不同，新型營養失調因熱量攝取充足，所以不會造成身體消瘦，反而看起來臃腫）的主因。

許多人因吃太多碳水化合物，造成醣類攝取過多，引起低血糖症狀（按：因

太常吃碳水化合物，容易焦躁、中斷注意力。

吃下大量的糖或澱粉時，過量的胰島素便會被釋出，造成血糖值過低），進而罹患憂鬱症。如果你感覺自己容易中斷注意力、容易焦躁、昏沉、提不起勁，不妨回想一下，自己是不是常吃甜麵包、超商飯糰、泡麵等零食，換句話說，你攝取到的營養非常不均衡。

在正餐之間的空檔，感覺肚子有點餓時，比起吃上述提到的點心，不妨吃富含色胺酸的香蕉或堅果、起司等食物。

我經常會準備優格或杏仁茶，搭配堅果一起享用，口感絕佳又能讓心情愉快，另外，水煮蛋也是營養滿點的最強點心！

43 多吃堅果、豆腐、豬肉……

容易感冒或疲累、注意力低下、指甲或髮根容易感到疼痛、經常感覺躁動不安、無法保持冷靜……你覺得自己有這些症狀嗎？如果是的話，代表你很有可能是礦物質攝取不足。

礦物質屬於人體必需微營養素，儘管相較於維生素，礦物質較常被小看甚至忽略，但對大腦及身體機能而言，礦物質仍是相當重要的營養素。

鋅、鐵、鎂等礦物質能有效調整身體機能：鐵有助預防貧血；鎂與鉀則是能保持血壓正常。所以我家經常出現羊栖菜（按：一種藻類，富含膳食纖維和鈣、

鐵、鎂等必需礦物質）、凍豆腐、海瓜子或牡蠣等貝類、豬肉、泡菜等食材。

還有，黑棗可幫助排便順暢且富含膳食纖維、維生素A、維生素B群、維生素K、鐵、鉀等豐富營養素，可說是超強營養食物。而堅果富含礦物質。你可以挑選喜歡的堅果，如杏仁、榛果、腰果、開心果、核桃等，每天享用一點吧！

44 沒事多喝水，多喝水就沒事

你最近會突然頭暈目眩嗎？尤其要從蹲姿或坐姿站起來時，又或是起床時，感覺自己很難從躺臥姿勢起身？

會有這些現象，大多都是因為低血壓。我因為低血壓的關係，早上要花比較多時間才能順利起床。通常我會在被窩裡，微微蜷起身子然後頭部朝下，讓血液循環一陣之後，就比較容易起床了。

對患有起立性調節障礙（Orthostatic Dysregulation，簡稱ＯＤ）的人來說，早上很難從床上爬起來，是因自律神經失調，導致身體沒辦法順利提升血壓，於

是難以站立或活動四肢。為了避免這種狀況，就要多喝水（按：因血液含有大量水分，喝水能防止血變稠，促進循環）。

千萬不能想著：「我不覺得渴，所以不用喝。」、「沒喝水也沒差。」可以的話，我希望你一天至少喝水兩千毫升。不過，喝大量的水會增加排尿次數。為了要讓身體留住水分，不可或缺的就是鹽，所以也要記得補充鹽分。

還有，不要等到渴了才喝，而是在口渴之前就喝水，也不需要一口氣灌很多水，可以分次喝。重點是，要有意識的補充水分和鹽分。

早上起床後的第一件事，建議可以先喝一杯白開水。這麼做除了可以讓腸胃甦醒，開始一天的活動，也有助於平衡與調整自律神經。

晚上睡前，也喝一杯水吧！多喝水可以預防心肌梗塞、腦中風、中暑等病症，可以說，多喝水，保健康。

45 規律運動，活化神經

你的假日通常會怎麼安排？是不是整天待在家裡，懶懶散散的結束一天？現代人普遍運動不足，所以不妨趁假日適度的運動，促進身體循環代謝。例如，白天做日光浴，而傍晚氣溫略下降，很適合散步。

注意步伐與節奏，多走路能促進生成血清素，有助穩定心靈。適度運動有助於增加血清素，尤其像健走、慢跑、騎腳踏車等，需要維持一定步調節奏的規律運動，也可幫助血清素神經活性化。呼吸法及吃飯時的咀嚼動作，也算一種規律的運動。順帶一提，或許有人會邊走路邊想事情，結果把自己搞得更累了。

我建議，不管走路還是做其他運動，就不要想事情了，不如當作自己是第一次走某條路，帶著好奇心探索沿路風景。

說不定你會發現「原來這裡有招牌啊！」、「這裡有我沒看過的花草耶！」這類嶄新景色。你可以觀察路上的人孔蓋、感受天氣的冷暖變化、光線的轉換等，善用五感來感受周圍環境。

46

在自然環境中放空

如果你剛好擁有可以獨處的時間，我非常推薦你到附近的公園，坐在椅子上放空。你可以在坐著放空時，觀察來來往往的路人，或準備一些輕食，在戶外悠哉的享用。

如果是看得到海的公園，你會看見寬廣無際的海平線，波光粼粼的漂亮海面，也可以靠近一點，聽聽海浪的聲音，像這樣放空，感覺一定很舒服；或是到樹蔭底下休息、到附近爬山、看看瀑布……沉浸在清新的空氣中，用全身感受遠離塵囂的感動。

我認為每一個人都很需要擁有可以如此放空、放鬆的時間。

「最近真的好累啊……。」

「真想讓心靈休息一下。」

如果你出現這樣的念頭，千萬不要一直窩在家裡，趕快安排獨處時間，到大自然裡好好放空吧。

47 別看讓心情變差的貼文

每天看新聞，難免會看到沉重的消息。

你曾被電視新聞或網路上過多的資訊量轟炸，而心情變得低落、疲憊嗎？或者，你在社群平臺上看到其他人放閃或貼炫耀文時，總覺得心情很不舒服甚至懷疑自己內心是不是生病，於是上網搜尋相關資料，最終陷入不安之中。

若你已經出現上述狀況，那麼，你該減少接收外部訊息，快放下手中的手機吧！**其實我們只要接收讓自己不至於與社會脫節的資訊就夠了，過量的繁雜訊息，只會徒增不必要的煩惱。**

減少資訊接收量，就減少煩惱。

關電視、放下手機，聽聽自己喜歡的曲子，讓自己沉浸在喜歡音樂世界裡，感覺是不是很不錯？你也可以為家裡的植物澆水、與寵物互動、幫自己按摩……營造一個做任何事都可以讓你放鬆的環境。

第一步，就先從遠離令人心煩的負面訊息開始。

48 享受獨處

如果假日沒有任何安排，你會如何度過這段時光呢？你會想「難得放假了，一個人過好寂寞」、「好空虛哦」、「什麼事也沒做，白白浪費一天」嗎？

我反而忍不住歡呼：「太好了！一個人好自由！」帶著這樣的心情，光是思考「要來做什麼好呢？」、「就算什麼都不做也很棒」，就不禁露出微笑。

當我們與某個對象共享時間與空間，心裡會產生一種連結感而感到安心，可是，若你經常配合他人或習慣委屈自己討好別人，反而容易迷失自己。

不妨問自己：「我現在感覺如何？」、「我想要做什麼？」一邊整理心情及

寫下一個人做也可以很放鬆的事。

- 種植觀葉植物。
- 觀賞之前想看卻一直沒看的電影。
- 去喜歡的咖啡廳。
-
-
-

思緒，一邊享受獨處的時光吧。你可以去喜歡的咖啡廳、到寺廟走走、做料理、一鼓作氣清洗窗簾或床單……不管哪個都很好。

我也推薦挑戰一口氣看完整套漫畫、追劇、看電影，或是做園藝等可以接觸到土壤的活動，有助於放鬆心靈。

若你擁有一段完全屬於自己的時間，就做自己想做的事情吧！

49 新的挑戰，先做一點點就好

你喜歡冒險嗎？還是喜歡安定，屬於做任何事之前都要慎重考慮的類型？為了保持大腦的健康及靈活度，我們最好經常挑戰新事物。因為人在面對新挑戰時，會接觸新環境、碰到新困難，為了適應與克服，大腦就會受到刺激。在接受新挑戰的同時，為了學習新事物，也能強化腦內神經。

例如，學習某個從未接觸過的樂器；透過美術或手工藝，挑戰創作作品；學新的語言……很多活動都能有效提升大腦的靈活度。即使學習過程不順利或失敗也沒關係，越是困難的挑戰，越能刺激大腦。

或許有些人認為自己是大人，卻有做不好或不擅長的事情而感到丟臉，但事實上，正好相反。

或者應該說，雖然我們都已長大成人，但世上仍然有許多我們未曾接觸的新知識、新挑戰。現在我們擁有學習與體驗新事物的機會，是非常值得快樂、感到美好的事情。而這些正面感受，對促進活化大腦也有助益。

雖然人習慣待在舒適圈

——留在「自己所知的環境」，做「自己已經會做且做得好的事」，因此當眼前出現新事物時，往往產生「我沒做過這件事，放棄吧！不要做比較好」的念頭。

但請記得，若有新挑戰出現在你的面前時，務必鼓勵自己試著挑戰。

50

蒐集喜歡的生活小物

「提不起勁。」、「雖然一直想要整理環境，但現實是房間仍舊是一片混亂。」、「不論讀書或工作都沒有進展……。」這種時候，不妨使用一些自己喜歡又實用的生活物品，說不定能順利開啟你的幹勁開關，把原本很麻煩、討厭的事，轉換成快樂的事情，就會自然的提升幹勁。

舉例來說，我放在車上的除塵抹布，是我喜歡的角色造型，當我看到車子的煞車油門踏板變髒時，就會趁著紅燈空檔，拿起抹布迅速擦乾淨，這讓我感覺非常暢快。覺得收拾廚房很麻煩的人，可以購買喜歡的清潔用品；認為洗衣服、晒

衣服很麻煩的人，能去生活百貨店尋找喜歡的衣架或是晒衣夾，說不定會有意外的驚喜。

為了提振工作心情，我有時會特地使用高級鋼筆，偶爾會刻意挑選跟平常穿著風格不一樣的鞋子或項鍊；使用喜歡的筆記本跟自動鉛筆等，簡單好用，又能幫助提升注意力的文具；鬧鐘及標籤貼紙等也是相當實用的辦公小物。

所謂的幹勁開關，並不是要你刻意打起精神，而是在日常生活中，透過增加自己喜歡的各種實用物品，讓自己做事時可以感受到樂趣，如此一來，就會產生期待：「我想用用看這個！來做吧！」自然能提起幹勁。

51 每天整理家裡一個小地方

你現在的住處呈現什麼狀態呢？角落是否堆了許多紙箱？廚房流理臺有很多用了卻還沒洗的碗盤嗎？洗衣籃裡的髒衣物滿出來嗎？

一般來說，生活空間越雜亂，代表居住者的心理也呈現混亂狀態。反之，常常整理自己生活空間的人，會經常在腦中整理思緒。

當你感覺內心混亂時，就動手打掃吧！除了環境變整潔，還能消除壓力、轉換心情。不過，要是一直想著「不整理不行」，反而會徒增壓力。沒人規定打掃一定要一口氣把整個家弄乾淨，你可以從收拾桌面開始，然後抽屜、衣櫥等，一

次清理一個地方就好了。

整理的訣竅，在於物歸原處。每個物品都有專屬位置，只要讓它待在固定的地方，不僅看起來整潔，你還會發現家裡的空間變大了。

極端一點的做法是，你可以把物品聚集起來，確認其用途，那些不會用到的東西，就直接斷捨離吧。

培養打掃的習慣，除了使你的生活環境變得乾淨整齊，更讓心靈煥然一新。

52

別為了節省瓦斯及電費而省掉健康

每到夏季快結束，氣溫開始轉涼之際，很多人容易感到身體不舒服：「早上醒來後，感覺身體沉重，很難起床。」、「一整天都委靡不振。」

因溫差變大，導致人體的自律神經機能失調，而出現一連串不適症狀，就是所謂的「溫差疲勞」。我詢問過深受溫差疲勞所苦的人，發現他們大多都有共通點，例如：「穿著輕薄，就算早上起來覺得冷，也不打算穿外套，認為忍耐一下就好」、「只淋浴，不泡澡」等。即便入秋，有些人仍然維持夏天時的生活方式，甚至到了秋末入冬的時期，溫度明顯降低，卻為了節省瓦斯費或電費，在家

只穿防寒衣物，不開暖氣。

人體一旦感受到氣溫急速下降，為了保持體溫，自律神經系統中的交感神經就會開始運作：身體透過發抖來讓血管收縮、肌肉變硬，藉此提高溫度。

當溫差變化過大時，自律神經系統過度運作，人就容易疲勞。我建議夏季吹冷氣時，冷氣溫度不要調太低，甚至調高一些也無妨。到了秋末，可以為了迎接冬天提早做準備，例如，拿出厚棉被、厚衣物等，善用室內暖氣的定時功能，讓暖氣在你起床之前開始運轉，使房間變溫暖。

為了節省瓦斯費或電費，而忽略自己的健康，可說是本末倒置。

不懂善待自己身體的人，無法維持心靈祥和。同理，當你能顧好身體，心理也會變得健康，不易生病。

53 注意溫度及氣壓的變化

溫差變化大的時節，很多人出現早上起不來、情緒低落等症狀。其中，我們特別需要注意「季節性情緒失調」（按：Seasonal Affective Disorder，簡稱SAD）。

該症狀起因是季節交替之時，氣壓與溫度的劇烈變化所導致。尤其在日照時間變短的秋冬時期，特別容易出現相關症狀，例如特別想睡覺或暴飲暴食等。

日照不足，是造成冬季憂鬱的原因之一，這也是為什麼日照時間短的北歐國家，特別容易出現冬季憂鬱患者。秋季進入尾聲時，若感覺自己提不起勁、容易

負面思考，或異常想睡等，光照療法或許對你有幫助。這種治療法透過機器（按：即光照治療機。利用人造的特殊光源波長，協助腦部血清胺、多巴胺、褪黑激素等分泌平衡，再進而改善睡眠及情緒），藉此調整身體機能。可將機器放在枕頭邊，每天早上照射約三十分鐘。

在梅雨或颱風的季節，有些人因低氣壓，容易出現頭痛症狀。這是因為環境氣壓變低時，血管會膨脹，而交感神經感覺到血管膨脹後，會努力讓血管收縮，如此造成自律神經失調。當交感神經與副交感神經無法正常切換，就會出現頭痛、肩膀僵硬、想吐、焦慮等不適症狀。

若你受這些症狀所苦，可以按摩自己的耳朵。因低氣壓而引起的身體不適，與耳朵構造中擔任「人體氣壓雷達」的「內耳」有關係。耳朵上端三角窩的部分，有一個穴道叫「耳神門穴」，按摩這裡可以刺激耳朵的血流，有助調節自律神經，讓自律神經的運作恢復正常。

54 泡澡，有助腦袋放空

一天的奔波，總讓人感覺腦袋昏沉腫脹，這種時候就放空腦袋，好好的泡澡吧。讓身體浸在舒服的熱水中，放鬆全身肌肉，然後深深的吐一口氣。吐氣時，可以想像那些討厭又煩人的事，隨著這口氣一起排出體外。

平常習慣淋浴的人，務必偶爾享受泡澡。畢竟泡澡能促進血液循環與新陳代謝，還能放鬆肌肉，對身體有諸多好處。最重要的是，泡澡除了放鬆身體，還可以刺激副交感神經，有助於穩定心情。

我會邊泡澡邊按摩淋巴，然後對自己說：「今天辛苦妳囉！」、「肩膀好僵

硬，不過這是自己認真工作的證明。」、「謝謝我的身體這麼努力」……抱著這樣的心情鼓勵自己。

在就寢前兩小時泡澡，效果最好。

泡澡能提高身體溫度，因此泡完澡後，最好待在房間休息，讓身體慢慢降溫。伴隨著體溫降低一點，人會漸漸產生睡意，換句話說，泡澡有助於提升睡眠品質。

55

柔和黃光有助睡眠

很多人在床上躺了很久，卻怎樣都睡不著。有這類狀況的人，可以試著在就寢前，先調暗房間燈光，讓自己在柔和的光線中待一段時間。比起耀眼的白光，微暗柔和的黃光較助於睡眠。這是因為黃光可以促進分泌褪黑激素，讓副交感神經處於優位，有效加深睡意。

在現代，人們常常沐浴在白光下。不過，太過明亮耀眼的光線，會刺激神經，使大腦一直處在醒著狀態。這也是造成現代人失眠的因素之一。

橘黃色系的燈光，自然柔和，令人放鬆。我推薦試著在床頭放一盞燈，在就

寢前調整成橘黃光。在柔和光線照射下，播放療癒心靈的平靜音樂，身體平躺在床上，做約十分鐘的伸展操，讓自己慢慢的放鬆。

也可以比平常再更早一點調整燈光顏色，在柔和光線中看書也很不錯。

56 傾聽自己身體的聲音

「躺在床上翻來翻去，就是睡不著」、「每天起床，都覺得很不爽」、「心頭亂糟糟的，靜不下來」……這種時候不妨試試看「身體冥想」。

首先，大字形躺在床上，然後慢慢放鬆腳部的力量，雙手放的位置離身體遠一些，手掌朝上，放鬆身體。接下來，專注感受自己身體的每一個部分，你可以想像有一盞聚光燈，從頭到腳依序照著你的身體，要讓你好好觀察自己。

若你當下什麼也沒有感覺到，也沒關係，持續觀察「什麼也沒感覺到的自己」就行了。身體冥想的第一步，先將注意力集中到你的左腳。專心感受肌肉狀

態、體溫與脈搏、空氣或衣服的觸感等。

接下來依序轉移注意力到身體的每一處，就像在掃描全身一樣，觀察左邊膝蓋、股關節、左腳整體，接著是右邊腳趾、右膝、股關節、右腳整體。再來是骨盤、背部、脊椎、肩胛骨、肚子、心臟、肩膀、身體軀幹、手臂、手腕、雙手的指尖、脖子、喉嚨、臉、頭部……好好的觀察與感覺全身部位。

如果途中發現自己分神了，就趕快把注意力重新集中到身體上。

在這樣冥想的途中，應該會浮現許多情緒，或許有好也有壞，但是人的感情本來就很複雜，因此不需要責備或批判自己。

冥想到最後，觀察自己呼吸的樣子吧。感覺到自己身體的每一處，例如肌肉、內臟、血液等都是透過呼吸而努力運作著，你會對自己的身體產生更深刻的感受。

若冥想的過程中產生睡意，那麼直接睡下去就好了。

好心情沒人能給4

心理、生理、生活，三位一體

你開始實踐本書到目前為止傳授的方法了嗎？生活是否因此產生變化？如果你把這些方法融入生活，進而變成習慣的話，是非常好的事情。本章內容主要以睡眠、飲食、運動為改善生活的重點項目，是從「生活病理、生活臨床」延伸出來的概念。

在一九九〇年代，日本名譽教授白石大介提出生活臨床之概念，認為應以生活病理、生活臨床，取代一九七〇年就已提出的「家庭病理」。

在家庭病理的概念中，家庭可分為三種病理狀態：

1. 逃離（離家出走或失蹤）。
2. 解體（父母離婚或分居）。
3. 失範（雖然家人同住，但「家庭」已名存實亡、喪失應有的機能）。

但在現代，不只單親家庭普遍，家庭形式變得多元，上述分類法不再適用。由於智慧型手機等ＩＴ機器變得普及，人類的生活因此變得更加便利。但不可否認，我們的生活步調也變得混亂，身心失調的案例也層出不窮：打電動直到深夜，所以早上起不來；過度在意社群網路的貼文，導致心情嚴重受到影響……相信很多人都有過類似經驗。

心理問題絕對不是只有心靈層面而已，必須同步審視睡眠、飲食、運動等生活層面，才能真正解決問題。

例如，睡眠不是只有「讓身體休息」而已，良好的睡眠品質，能幫助人們過上充實生活、穩定心靈。習慣過夜貓子生活的人，不只容易有起床氣，通常也很難入睡。

一般睡眠時間大約為八小時，以睡眠品質來說，晚上十點睡覺，比到了十二點才睡來得好，如此早上才能很自然的甦醒。

優質的睡眠，可以增加自我肯定感、防止生活步調紊亂、增強正面積極的行動力等，好處多到說不完。

以學校為研究對象的生活臨床治療法結果顯示，睡眠品質高的學生，擁有較高的自尊心，學習欲望也較強烈，具備自主學習的態度與習慣。此外，有接受指導來改善睡眠的學生，不只提高自尊心與學習欲望，壓力及抑鬱的程度也穩定下降，身心獲得顯著的改善。

反之，睡眠品質不佳的學生，則容易感到疲勞、焦慮、情緒低落、怠惰、焦躁、易怒、肚子痛、頭痛等，生理與心理都失調。

不只睡眠，飲食也是維持身心健康的重要因素。吃，不僅是為了增長肌肉或強化骨質，大腦及腦部神經傳導物質、荷爾蒙的分泌等，都受飲食影響。荷爾蒙失調就會引起焦慮、抑鬱、沒有安全感、無法保持冷靜、怠惰等症狀。

另外，不好好吃早餐，在長時間空腹後吃泡麵或甜點麵包等，會讓身體攝取過多糖分，更會導致礦物質及維生素攝取不足。**心理、生理、生活，可說是三位一體，息息相關。**

睡眠、飲食、運動必須「三管齊下」，我們的身體與心靈，才能真正獲得支撐我們好好過生活的能量。只著重其中一個層面，無法獲得良好功效，必須全面檢視自己的生活，才能順利整頓身心。

第五章

隨時能做的情緒自救法

人在某些地方或時刻，或多或少會產生壓力。長期累積壓力，會帶給身心極大負擔。從感覺情緒快爆炸，到感受逐漸麻木，最後毫無知覺……不論在哪個階段，都讓人非常痛苦。

57 把人生境遇做成圖表

人生路上，難免會遇到各式各樣的危機或選擇。試著將自己至今的人生做成圖表，哪些時期讓你覺得開心，哪些時期讓你感覺低落，好好的回顧，或許會有意想不到的發現。

垂直軸，代表當時的心情；水平軸，則指時間。

開始上學前，你有碰到什麼事情嗎？青春期等階段又有什麼感受？青年期、成年期、壯年期、老年期等人生的各個階段，肯定有各種的經歷與感受吧。生病、受傷、結婚、離婚、再婚、搬家、拒學、霸凌、戀愛的邂逅、失戀、就職、

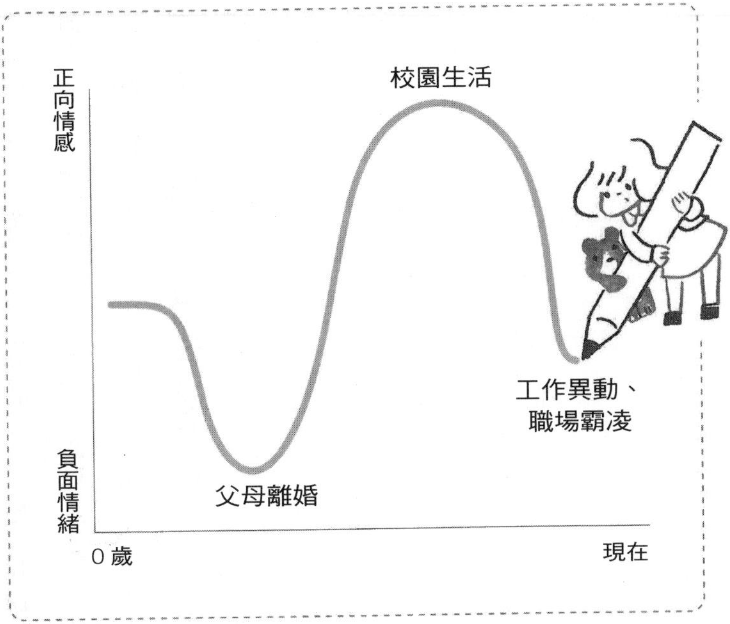

轉職、離職、經濟窘迫、事業有成……看看自己的過去，想想當時的心情，若是開心，就在垂直軸的高處標記；若是難受，就在垂直軸的低處做記號。

最後，將所有的記號連成線，變成一個圖表，就能一目瞭然。

完成圖表後，務必仔細觀察內容。找出你情緒低潮與哪些經歷有關，再進一步回想，當時發生什麼契機讓你擺脫低潮。是朋友的一句話、自己接受新挑戰而轉移注意力、出現一段美好的邂逅……一邊回想，一邊把重振心情的要素記下來。

圖表搭配你所寫下的記錄，就可以清楚明白「發生這種事情時，我會陷入低潮」及「這些契機可以讓我恢復精神」等，這都是非常寶貴的參考資料。

58

把壓力當調味料

「我承受不了太多壓力。」、「我希望自己的抗壓性可以好一點。」當你聽到壓力一詞，會馬上想到什麼？職場上司、家人互動、霸凌你的同學、考試或工作……多數人聽到這個詞彙，想到的幾乎都是討厭的人事物。但若生活中完全沒有壓力，反而會很無聊。少了刺激與挑戰，平穩輕鬆的度日，也代表著缺乏讓人成長的機會。

也就是說，壓力可分成：好壓力，帶給人目標和動力，促使人成長；壞壓力，會危害人的健康與精神狀態。

適度的壓力，就是好壓力，可以給人刺激，激發幹勁，因此也被稱作人生調味料。所以，當眼前出現討厭的事情時，不妨轉念：「太好了！成長機會來了！」會比較有趣。

如果把壓力看成是讓自己成長的人生調味料，辛苦事就會轉變成收穫。

59 剛剛好的緊張感

我經常聽到個案對我說：「希望自己變得不容易緊張。」我想，或許有很多人都把緊張當成敵人了。實際上，在考試或演奏會、運動比賽時，保持著一定程度的緊張感，反而很有幫助。

請看下頁圖表。垂直軸代表表現好壞，水平軸代表壓力強度。越往水平軸的左側，代表壓力越低、狀態越放鬆，心情與肌肉、大腦運轉的效率都顯得緩慢，因此人的表現往往比較差。若壓力強度在中間位置，則表現會是最佳狀態。壓力過大或者過度緊張，則讓人無法發揮實力。

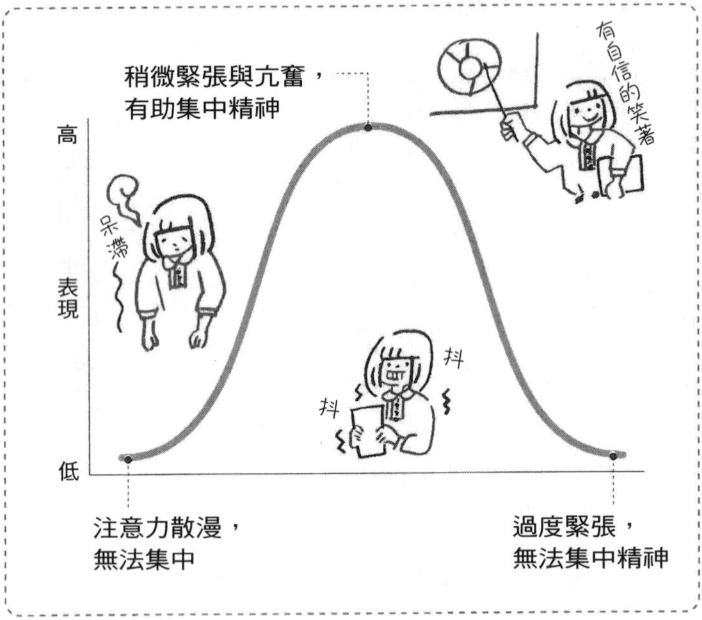

因此，在重要的時刻，「剛剛好的緊張感」才是最能讓你有好表現的關鍵。

當你感覺到自己因為緊張，而身體開始僵硬時，不妨在心裡對自己說「哦！感覺來了！」、「就是這種緊張感！」接受這份感受，然後握拳給自己鼓勵吧！

60

用力深呼吸，緩緩吐氣

考試、發表會、大型活動等，只要前往人多的地方時，有些人總感到特別緊張，不但身體僵硬、腦袋變得一片空白，手腳跟聲音都會發抖，有的人甚至會肚子痛、呼吸困難。

為了緩解這些症狀，接下來我要介紹能放鬆肌肉的「漸進式弛緩法」，要注意的是，平常就要練習這套方法，不要等緊張的當下才用，這樣一來，當你感到緊張時，這套方法能馬上派上用場。

漸進式弛緩法有四步驟：

1. 雙手用力握緊大拇指，並深深吸氣。然後垂下雙手至膝蓋上方位置，放鬆身體，慢慢把氣吐出來。吐氣時間是握拳的兩倍，也就是說握拳十秒，要吐氣二十秒。
2. 雙手用力握緊大拇指，然後彎起手臂、用力吸氣，接著垂下雙手至膝蓋上方位置，接著緩緩吐氣放鬆。
3. 雙手握拳、彎起手臂向外擴展，夾緊肩胛骨，接著用力吸氣約十秒，之後垂下雙手、吐氣。
4. 接下來，以相同的方式及步驟，依序讓肩膀、脖子、肚子、雙腳等部位施力、用力吸氣，然後吐氣。

像這樣讓肌肉不斷用力然後放鬆，就可以讓自己保持放鬆狀態。

用力吸氣
緩緩吐氣

61 製作轉換心情清單

忙於工作、疲於應付人際關係，都讓內心越來越無力。為了避免情緒失控，我們可以製作一張轉換心情清單。簡單來說，上面寫的是，當你感覺自己快要情緒失控時，做哪些事能讓你冷靜下來。想看看，你在什麼時候能鬆一口氣？在哪種狀態下可以集中精神？什麼動作能讓你充滿幹勁？

沉迷的事、喜歡的事物、能放鬆的活動……把你想到的全列進清單裡。

你可以寫多少個項目？記得在心情平靜時，寫下這份清單。之後當你感到煩躁時，就執行上面的內容，讓情緒穩定下來。

轉換心情清單

- 慢慢的深呼吸，然後吐氣。
- 按摩四肢與身體。
- 做一下伸展操，或稍微走幾步。
- 抬頭看看天空。
- 聽音樂。
- 欣賞喜歡的藝人或運動選手的照片。
- 把當下想到的事全部寫下來。
- 摸摸心愛的寵物或是玩偶。
- 泡一杯喜歡的茶。
- 點精油、薰香或是香氛蠟燭。
- 打電話給朋友。
- 出門兜風。
- 做針線活等手工藝。
- 看電影。

62 瑜伽嬰兒式，能放鬆身心

當你心累、想趕快冷靜下來時，可以像小孩子蜷起身體——做瑜伽中的嬰兒式能讓我們獲得安全感，有助於重整自律神經，也能讓身心都穩定下來。

首先讓自己呈跪坐姿勢，然後手平放在前方地板，吸氣，將上半身往前傾以伸展背部，慢慢的讓上半身貼到地板上。維持這個姿勢，深呼吸三至五次。感受呼吸的節奏，透過深呼吸，解放緊繃的身心。

這個姿勢可以舒緩整個背部，而感受自己的呼吸，可以穩定心靈。除此之外，深呼吸還能促進血流，全身的血液循環變好，身心就更容易放鬆。

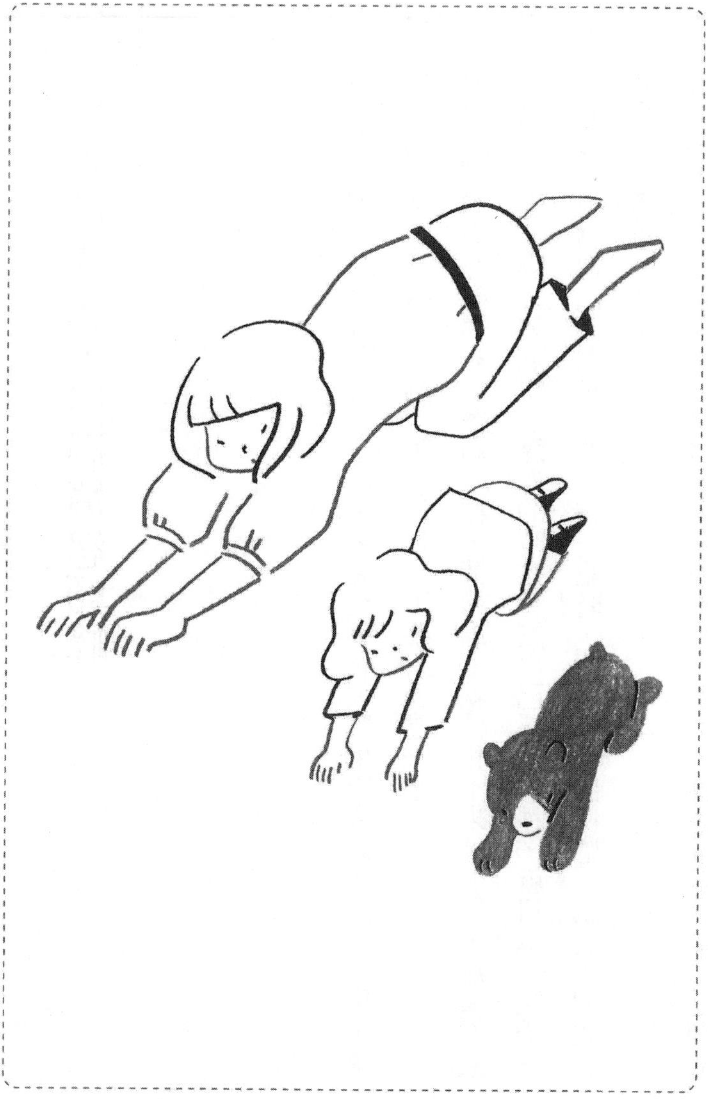

63

六秒咒語，撐過憤怒顛峰

你常因為別人的言行而忍不住反駁，甚至動怒，結果導致彼此關係惡化，事後後悔不已嗎？若是這樣的話，不妨練習「不要有反應」吧。

據說人類的憤怒顛峰只要撐過六秒，情緒馬上就緩和下來。所以，每當你感覺自己開始變得焦躁、怒氣快要爆發的時候，讓自己撐住六秒，就可以控制憤怒了。透過練習，讓自己面對別人的一言一語時，不立刻做出反應，試著用開放的心胸來看待身邊的人事物。

話雖如此，其實感覺上來說六秒意外的漫長。所以，我建議試著為自己創造

一句「六秒咒語」。

你焦躁時，聽什麼話會很快冷靜下來？舉例來說，「沒事，沒什麼大不了」、「算了！沒差啦，總會有辦法」等，可以說一句安撫自己心情的話。或不斷說「明天吃燒肉、明天吃燒肉、明天吃燒肉……」這種自己一想到就很開心的話。

還有重複「希望全家人一起笑嘻嘻、希望全家人一起笑嘻嘻……」這種像是目標的話語，效果也很好。

現在就為自己創造一句帶有正面效果的咒語，當感覺你心煩意亂時，別忘了常常詠唱六秒咒語，讓自己的情緒迅速穩定下來。

64 心累，就大聲笑出來

悲傷或沮喪時，你的身體呈現哪種姿態呢？是不是整個人縮起來、垂頭喪氣、視線朝下、嘴角也下垂？其實，越是心累、難過，越要撐起嘴角，讓自己大聲笑一笑。只要高舉雙手，擺出高喊「萬歲」時的姿勢，然後咧嘴一笑，大腦就會以為你「現在很高興」，反而會很快振作起來。

俗話說「多笑有益身體健康」，完全沒有錯。事實上，即使刻意做出來的「假笑」，也有相同的功效。

常常練習展露笑容吧！嘴角上揚、瞇起雙眼，接著發出聲音哈哈大笑，只要

出現笑容，自然會產生快樂的心情了。

笑，能提升免疫力與活化大腦。人體中有一種特殊的免疫細胞──「自然殺手細胞」（Natural killer cell，簡稱ＮＫ細胞），對癌細胞有驚人的攻擊力，能迅速發現癌細胞並予以破壞。

研究指出，大笑可提高ＮＫ細胞的活性，就算對著鏡子假笑，也能產生和自然大笑同樣的效果。為了身心健康，現在開始天天練習對鏡子大聲笑吧。

65 最簡單又有用的冷靜法：深呼吸

開始緊張或不安時，我們的身體為了保護自己，會繃緊肌肉、呼吸變得短淺、急促。這時，不妨透過呼吸讓自己放鬆下來。深呼吸可以刺激副交感神經，進而使人變放鬆。

先深吸一口氣，然後如蜘蛛吐絲般的吐氣，用比平常更慢的速度，把那些討厭的情緒、讓你心煩意亂的事情，統統吐出來，像是把體內的空氣全吐出來一樣。然後自然的吸氣即可。當你一緊張、不安或是想撐過憤怒顛峰時，試著深呼吸吧，一定可以很快冷靜下來。

呼
焦慮
煩躁
煩悶
焦躁

66

八四四呼吸法，身心都輕鬆

使用呼吸法來放鬆時，重點在於吸氣和吐氣兩個動作：吐氣的時間是吸氣的兩倍。先慢慢的從嘴巴吐氣，然後用鼻子輕輕的吸氣，停住大約幾秒，再吐氣。

吐氣八秒、吸氣四秒、休息四秒，就是八四四呼吸法。如果覺得八四四呼吸法不太容易掌握節奏，或是吐氣時間太長、感覺會呼吸不過來，也可以改成四秒、兩秒、兩秒。等習慣後，再慢慢延長秒數。首先從吐氣開始比較好。若是沒有固定順序，會導致呼吸變急促，進而形成不良循環。

此外，吐氣可以刺激副交感神經，放鬆身體。而深呼吸可以促使大腦分泌血

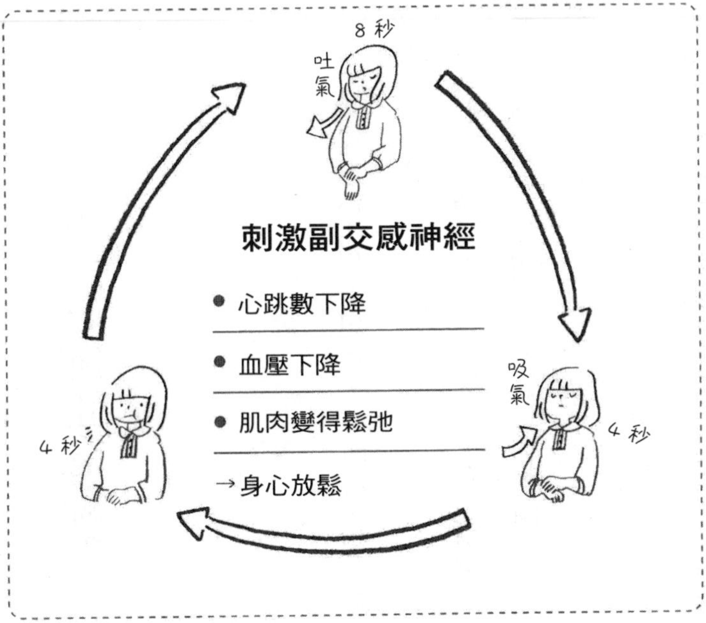

清素，有助於保持心情穩定。生活中持續練習這套呼吸法，副交感神經獲得刺激，體內淋巴球增加，還可以加強身體的免疫機能。

在吸氣、吐氣時，可以把手放在腹部，實際感受肚子的膨脹程度。重點是拿捏節奏，別讓呼吸變得急促。每天持續練習，一定能看到效果。

67 每天十分鐘正念練習

人往往忍不住想東想西，然而每次想太多的結果，就是讓自己陷入悲傷或深深的焦慮不安。

我們的心靈受到過往牽絆，也會因想著未來而不安，面對自身所處的現在，充滿各種徬徨。越叫自己不要想那些尚未發生的事，或已發生也無法改變的事，越容易在意這些事。

所謂的正念，能讓我們「專注於當下」。自然的意識自己的呼吸，再配合呼吸節奏，察覺自身正處於什麼狀態，專心感受你所有的感覺。

正念與冥想不相同，你在日常生活中的任何場合都可以進行正念。舉例來說，洗碗時，你可以專心感覺自己的手碰觸到水流、清潔劑、菜瓜布時的觸感，再將心神全部投入正在清洗的每一個碗盤。洗的時候，不用思考其他事情，而是專注觀察正在洗碗的自己。

不過，越想集中精神，越會不小心分神。當你發現自己開始想其他事情時，也不需要自責。人本來就很容易想東想西，所以當你察覺自己分神時，只要重新感受自己呼吸節奏，把思緒拉回來就好。

把浮現在你腦中的種種思緒，當成是天空的浮雲或飄落水裡的落葉，就讓它們自然的流逝，無須在意。試著每天花五至十分鐘進行正念，好好的感受當下。

68 用冥想排解壓力

當你覺得煩惱太多時，就開始冥想。即使是第一次嘗試冥想的人也可以輕鬆做到，不需要太過擔心。

首先，全身放輕鬆，盤腿而坐，然後伸展背部，放鬆肩膀的力量。冥想的第一步，是感受自己正在呼吸。對每個人而言，呼吸是無意識的持續動作。所以趁現在好好感受自己呼吸時的模樣，當你吸入空氣，肩膀是否隨著這個動作而微微抬高？胸口及腹部是不是也隨著吸氣、吐氣，而有起伏？

當你持續專注呼吸，腦中可能會跳出一些完全無關的事情。這很正常，因此

冥想時，專
心感受自己
的呼吸。

無須在意，就當成是一種心理作用就好了。

在冥想時，想像自己打開心中每一扇窗，有各種思緒會從窗口跑進來，你不需要特地理會這些思緒，那些想法會自動從另一邊窗戶跑出。你唯一要做的，就是專心感受自己的呼吸。

過一段時間後，在你自己感覺適當的時間點慢慢睜開眼睛。相信你會感覺自己變得比較平靜，思緒也清晰許多。

69 祝福你討厭的人

如果有討厭的對象，或是遇到他人惡意找麻煩，也許大多數的人都會想：「那傢伙最好倒大楣！」、「這種人遲早遭天譴！」

不過，一種說法是「祈求他人不幸，自己也會變得不幸。」為了不讓自己陷入不幸之中，不如嘗試「慈悲冥想」。

簡單的說，這是「願所有生命都能獲得幸福」的一種冥想法。或許你會想：「我被別人傷害得這麼深，為什麼我還得祝福他獲得幸福啊？」甚至產生抗拒感。會有這樣的感受很正常。不過，就算剛開始沒辦法給予真心祝福也沒關係，

只要嘴上說說就好。

呼吸保持自然平順，然後開口說：「願我及我重視的人們都能幸福。」接著繼續說：「願我討厭的人也能夠獲得幸福。」、「即便是討厭我的人，我也希望他們能幸福」反覆祈禱。

像這樣不斷祈禱、冥想，你會發現自己的身心漸漸變得平靜。

70 想像自己是一座山

總是感到茫然或不安，且過度在意他人的眼光……你想改變這樣的自己，找回自我嗎？想要讓自己擁有不輕易動搖的自信及安定的心靈，首先想像自己是一座山吧。

不論是實際爬過的山，或是憑空想像的山都可以，總之想想你喜歡的那座山的樣貌。然後一邊讀接下來的內容，一邊在腦中想像：

現在的你，就像一座穩重的山，你的頭頂就是晴朗的山頂，上方是遼闊的青天白雲。從數萬年起，山一直在這裡，沒有絲毫改變，但是山的周圍光景，卻不斷的變化。

冬天，山被冰雪覆蓋，受冷風吹撫。春天來臨，大地綠意萌芽，花朵遍地盛開。之後來到夏天，伴隨陽光日照，植物的色彩變得更加鮮豔，偶爾也會經歷颱風等吹打。到了秋天，樹葉紛紛轉黃、轉紅；樹上的果實一顆顆的掉到地上，成了小動物們的糧食。然後，冬天再度降臨。

山的表面就像這樣，隨著四季變化，有了許多樣貌，有時美麗，偶爾植物枯萎。但不論何時何地，山一直都在那裡，巍然聳立著。

山有時會被雲霧包圍，此時登山者或許認為，特地登山卻無法盡收美景而大嘆可惜。但是，不管他們怎麼想，山都不會介意他們的評價。

不論包圍山的雲霧多厚，不管春天帶來的美麗，或冬天展現的冷清寂寞，對山來說都沒有分別，更完全不受任何影響。它一直待在這裡，沉穩的看著一切。

人的一生充滿各種「瞬間」，職場也好，私生活也罷，每個階段都可能帶來歡喜或苦痛。我們有時會獲得他人的認可，有時會遭受意想不到的批評。只要活

著，人的在外樣貌或狀態難免有變化。

但不管怎樣，山始終在那裡。

如果我們的心中有一個讓我們深深信賴的重心，就像心中有一座無法動搖的山，那麼不論我們碰上什麼變化，我們的內心就不被影響。

當你心累、痛苦時，不妨想想你心中的那座山，然後大大的讚美堅持與努力的自己吧。

好心情沒人能給5

壓力不要排解，而是共處

要說明人體對於壓力與放鬆的機制，就不能不提到自律神經系統。

人在緊張或不安時，會心跳加速、呼吸困難、頭或肚子開始痛起來……這都是因為自律神經系統中的交感神經過度活躍所致。若交感神經過度活躍，為了抵禦緊張與不安，肌肉會開始用力、緊繃，全身進入防衛狀態。反之，當我們心情輕鬆時，因副交感神經發揮作用，會逐漸感受睏意，全身放鬆、不再緊繃。

當人處在緊張狀態下，就算一直告訴自己要冷靜，卻怎麼也無法靜下來，就是因為此時最為活躍的是交感神經。

因此，想緩和不安及緊張，必須讓副交感神經的作用變得比交感神經還要活躍。我們可以利用副交感神經運作時會出現的反應，如有意識的放鬆肌肉及緩慢的深呼吸，來刺激副交感神經。而本書介紹的呼吸法及漸進式弛緩法，能幫助我們做到這點，請務必從日常生活中練習，才能發揮最佳效果。

除了緊張，不安感也是一個很麻煩的狀況。你曾經什麼都沒做，卻突然充滿不安嗎？嚴重時，還會想起很久以前發生的事，鑽牛角尖的想：「要是那時候我……就好了。」又或是對尚未發生的事，產生許多負面的想像。

大腦是一種特殊器官，就算我們在發呆，它仍在運作。換句話說，人腦經常處在「怠速」（按：保持最低運作速度）狀態——這是因為腦內網路「預設模式網路」（Default Mode Network，簡稱DMN）正在運作。不論是誰，都有可能出現這種情況。有研究表示，這其實代表大腦陷入疲勞狀態。

據說憂鬱症與恐慌症患者，是因為大腦的怠速過於嚴重所導致。

該怎麼做，才能防止大腦怠速呢？實際上，我們無法讓大腦停止怠速，但有方法可以減輕這種狀態——正念。

正念，可以幫助我們把注意力全部集中在「當下、此時此刻」。所謂的集中、專注，並不侷限於感受呼吸，而是任何事物都可以。例如打掃，專注清潔桌面或櫃子，留意每一個擦拭動作，感受抹布觸感等。全神貫注的執行清潔動作，這就是標準的正念練習。

研究顯示，持續做正念練習，可以有效減輕怠速狀態，讓大腦能真正的休息。經常感覺自己思緒紊亂或不安的人，可以從平時就做正念練習。

第六章

我最擅長的
認知行為療法

明知負面情緒很不好，卻無法控制自己，也不知道該怎麼辦……其實，人的思考習慣，決定了自己會創造什麼情緒。

71 了解大腦思考的機制

你是否有這種經驗：越是告訴自己不要想，越是想個不停。

例如，你前一秒還想著「不要咳嗽」，結果下一秒你就感覺自己好像要咳出來了；或者剛想「別再管鑰匙了」，結果才隔沒多久，你卻開始在意「鑰匙呢？我有鎖門嗎？」其實這種現象在心理學中，被稱為「矛盾反彈理論」。

再舉個例子，我說：「現在開始絕對不能想有關『白熊』的事。」相信大多讀者聽到這句話的瞬間，腦內立刻浮現一頭大白熊。就算你從來沒想出任何與白熊有關的形象，你也會想著白熊一詞。如果你想著「千萬不要放屁」，你反而會

突然感覺肚子有點怪怪的，有點想放屁……這跟前文提到的白熊，是一樣的機制。

我們越想著「不要想」，大腦反倒認為「不想不行」，於是造成這種矛盾狀態。

所以，解決的方法就是反其道而行，告訴自己「就算咳嗽也沒關係」、「記得鑰匙放哪很好，不記得也沒差」，只要這麼一想，反而能讓大腦從矛盾狀態中解放。這個做法也能有效緩解緊張。

72

你現在的心情是幾度？

你最近心情很低落嗎？陷入低潮期時，具體來說，你的情緒處於哪種狀態呢？相信一定有很多複雜情感，憂鬱、無奈、悲傷、羞恥、不安……你感覺這些情緒的強度會是如何呢？

試著給自己畫一張心情溫度計吧。記錄自己當時的心情是幾度。

比如，你感到很憤怒，覺得當時憤怒值高達「九十」。你感到悲傷或沮喪，心情數值可能是「五十」。或許有些人認為負面心情，要寫成「負五十」，這樣當然沒問題，寫法可以因人而異。

心情溫度計專屬於你，所以完全依照主觀感受來記錄就可以了。

像這樣把心情強度轉變成具體數字，仔細觀察內容，你就可以認知到具體事實：「原來我那時候氣成這樣啊，怒氣高達九十呢！」

心情溫度計可以幫我們客觀的檢視自己的情緒，值得好好活用。

73 寫下腦中浮現的想法

你知道自己平常會怎麼想事情嗎？很多時候，我們腦會突然冒出某些想法。這在心理學稱為「自動化思考」（Automatic thought）。

「其他人會怎麼看我？」、「如果發生某事的話，該怎麼辦？」……如果你總是感到不安、消沉，我要告訴你，其實這些念頭都是你自己創造出來的。現在請將你腦中浮現的想法一一寫下來。

常見的（負面）思考習慣有以下幾種：

- 二分法思考：認為所有人事物非黑即白，不是零分就是滿分。
- 過度類化：例如，只要有過一次失敗經驗，就會認為，之後的行動一定也會失敗收場。
- 選擇性概括（又稱悲觀濾鏡）：總是忽略優點或好的一面，注意力只放在缺點或壞的一面。
- 讀心術：擅自預設對方的想法，並且主觀認定。

- 自罪自責：總是把所有的不順利都歸咎於自己，覺得都是自己不好。
- must 思考：老是想「不做不行」、「一定要怎樣行動才可以」、「應該要〇〇才對」。
- 負面誇大：動不動就想「人生就這樣了」、「沒有活下去的意義」。
- 過度貶低：就算遇到好事或成功完成某事，也會認為「這種小事根本沒什麼好高興」、「我只是僥倖」等。

當你客觀觀察自己寫下的內容後就能明白，有很多想法都是你的思考習慣創造出來的偏見。這裡列出來的案例絕對不是什麼罕見的類型，而是很多人都在無意識中陷入的思考陷阱。

你的思考習慣中了幾項呢？

74 你的痛苦，客觀檢視就能破除

「都是那個人害我控制不住情緒。」、「因為那件事讓我一蹶不振。」

當我們情緒失控、陷入低潮時，往往會怪罪於某個人或某件事。但這種做法只會讓人際關係變艱難，場面變難堪，最後反而葬送社交生活。那麼，讓我們感到不安、焦慮的真正原因是什麼呢？

如前文所說，我們會產生什麼情緒取決於自身的思考習慣，可以說，情緒好壞是自己造成的。

舉例來說，「他對我好冷淡。」、「難道我一點都不重要嗎？」當你進入這

樣的思考模式後，就會開始慌亂，甚至寂寞、空虛。

「反正我一定是被那個人討厭了。」萬一冒出現這樣的念頭，那麼你的心中會開始湧現孤獨感與絕望感。

如果你發覺自己陷入負面思維時，就把當下腦中浮現的念頭全寫下來。然後客觀檢視，透過「真的是這樣嗎？」的觀點，你會發現，那些擾亂你的情緒會逐漸消失不見。

75 把想法寫下來

我們在上一節提到要用客觀的角度，來檢視情緒。接下來，我要分享五個小步驟，幫助我們把思緒梳理清楚，緩和心情。

1. 寫出自己會做什麼

當你感到沮喪時，你會做什麼？把你做的事都寫下來吧。寫的時候要盡量客觀，以陳述事實為主。例如「我找朋友聊天」、「我坐下來開始工作」等具體的敘述內容。

① 寫下讓自己心煩的事情

我跟朋友抱怨了。

② 掛念的煩惱

一直抱怨，
我會不會被討厭啊？

③ 試著這樣想……

是人都會有想要抱怨的時候嘛！

④ 整理思緒，寫下新的想法

我又不是天天都在抱怨，
應該沒事啦！

2. 寫下你一直掛念的煩惱

舉例來說，「我剛才的說法，會讓對方感覺很差嗎？」、「工作量這麼大，怎麼可能做得完嘛！」

3. 思考「真的是這樣嗎？」

當你的想法改變了，情緒也會產生變化。冷靜而客觀的檢視你所寫的內容，然後換位思考。以第二步的煩惱為例，如果你很重視的人找你聊天，對你用同樣的方式講話，你會有什麼樣的感覺，或者你會怎麼回應？

4. 整理思緒

從客觀角度檢視煩惱，然後具體寫下理清思緒後得出的新想法。例如：「對方不會這麼計較」、「判斷工作的優先順序，一項一項解決」等。

5. 發出聲音，把第四步的新想法唸出來

當你把自己整理過後的想法實際唸出聲後，會感覺自己的情緒舒緩許多，慢慢的，你會發覺自己變得比較積極了。

76 從主觀思考中抽離

即便我們練習用客觀的角度來檢視自己的情緒與煩惱，但有時候依然迷惘。這時不必勉強自己壓下心中的徬徨，而是好好探究那些揮之不去的煩惱，究竟是什麼原因造成的。當你搞懂自己的思考模式後，會感到鬆一口氣。

在認知行為治療法中，「覺察」是非常重要的一個環節。「原來我是這麼想的」、「其實我是因不想受傷，所以才採取自我防衛」，當你覺察心中真正聲音的瞬間，原本困擾自己的問題都能被解決。從情感與主觀思考中抽離，客觀的檢視自己，是非常重要的關鍵。這在認知行為治療

法中，稱為「去中心化」（Decentering）、「後設認知」（Metacognition）。

本書所介紹的方法，不斷提到「寫」，因為這個動作最能幫助我們從情緒中抽離。回顧你執行本書方法時所寫的內容，你會發現「原來這就是我痛苦的原因」，內心進而變得輕盈。

77 將自己的想法加上雙引號

很多時候，越叫自己不要想，越容易胡思亂想，結果思緒愈加混亂。為了不被情緒牽著走，接下來我要介紹簡單技巧：將自己的想法加上「雙引號」。

舉例來說，當你的腦中開始不停想著「應該要〇〇才對」、「為什麼那個人不〇〇呢？」，你就將這些想法加上雙引號：「我想『應該要〇〇才對』。」、「我在想『為什麼那個人不〇〇呢？』」

加上雙引號，有助於讓你暫時跳脫主觀角度，從旁觀者的立場來看待腦中產生的想法。如此一來，你的情緒及思緒就能漸漸緩和下來。

再努力一點
就好了
我是這麼想的

78 把雜念當成無意義的背景音樂

「我的未來不會變好」、「人生已經沒救了」這些念頭在腦中嗡嗡作響，讓人只能想像負面結果。即便為了解決問題，而在腦中拚命思考，思緒卻是一團混亂，彷彿走在一條向下、沒有盡頭的螺旋階梯，甚至因為無法脫離主觀意識，而把憑空想像的「壞結局」當作是現實。

這種時候，我們必須覺察自己已身陷情緒漩渦，並想辦法擺脫負面情緒，否則永遠也看不清現實。

我們在第一章曾提到成為理想的自己，該方法利用正面想像來引導你用正向

力量改變自己，反過來說，如果你長時間用負面想像來摧毀自己，那麼結果會多可怕呢？

覺察自己的狀態，是非常重要的第一步。

我們要親口對自己說：「想像就只是想像，不是事實。」不需要刻意逼自己消除心中的雜音，你可以把那些紛紛擾擾的雜念，當成沒有意義的背景音樂，然後將所有注意力都放在當前要做的事情上。

比方說，如果你正在刷牙，那你就全神貫注在這個動作上。如果你是超商店員正在補貨，那就把所有注意力都放在「排列商品」上。

記住，當我們思緒混亂時，就把雜念當成背景音樂，不要去關注也不要刻意深究，只要將目光集中在自己正在做的事情就好了。

79 沒必要對「尚未發生的事」恐慌

「萬一突然身體不舒服的話，怎麼辦？」、「如果失敗的話，怎麼辦？」如果你總是像這樣感到不安，就試著想「根本還沒有發生，不用怕！」

再強調一次，「萬一……」只是我們的「預期不安」的心理正在作祟。

人產生預期不安時，身體會為了抵禦沒安全感或危險，而做出相對的生理反應，如交感神經受到刺激，導致心跳加快、冒汗、想上廁所、頭痛或肚子痛等。

只要你停下來思考，就能發現那些萬一根本還沒發生。明明沒有發生，身體卻因為你的腦袋一直想，而預先做出反應了。

最糟的狀況是，因為你確實感覺到「我的心跳變快了！」、「要出大事了！」導致你越來越緊張，於是陷入惡性循環。所以，當你開始想「萬一……」時，就趕快告訴自己：「根本還沒有發生，不用怕！」

為了讓自己安心，平時就要常常練習放鬆，例如，調整呼吸、多喝水、聽音樂、舒緩身體的肌肉……都能幫助你放鬆。

80

迷惘時，要以自己的感覺為準

「我很想這麼做。但也許別人會認為我這麼做是錯的。」

「我是這麼想的。可是對其他人而言，這種想法或許很糟。」

對自己的判斷沒自信，不停否定自我想法的人，總是認為自身感受及所想的事都是不對的。這類人將他人的評價及一般世俗的觀念，當成自己行為處事的基準，由於過度在意別人的目光，漸漸失去自己的意見與自信。

如果你也有這種傾向，請從現在開始告訴自己：「我的想法就是這樣。」、「沒有問題。」

我是這麼想的。
這樣想很好哦!

不需要把別人當作基準，請你以自己的感覺、想法為主吧。

慢慢來，不用著急。

每天對自己說：「我的想法就是這樣。」、「沒有問題。」你的自信就會一點一點的增加。

81

想想孩提時代的自己

你會想要見見孩提時代的自己嗎？至今，你肯定經歷了非常多事情，當中或許也有很辛苦的部分。也可能有些事情是當初年幼的你無力解決，而留下深深的無奈與遺憾。但現在的你成為大人，已有能力保護自己了。那麼，就來一趟時光旅行，與孩提時代的自己重逢吧。

請輕輕閉上雙眼，讓意識慢慢的回到過去某段你最在意的時光。

那段過往發生什麼事情？那時候的你在哪裡？有誰跟你一起？孩提時代的你又是什麼模樣？

對過去的自己說說話吧！

讓現在的你用旁觀者的角度來看看童年的自己吧。小時候的你還沒有發現你存在，現在，你要放慢腳步，緩緩接近小時候的自己。稍微靠近一點後，小時候的你便會注意到你了。

小時候的你會露出什麼表情呢？肯定會露出非常驚訝的樣子吧！現在試著跟小時候的你說幾句話吧。

你想對過去的自己說什麼？好好的說出來，然後給他一個溫暖的擁抱。也可以帶著他去想去的地方或充滿安全感的場所。

最後，跟小時候的你好好道別，告訴他「下次見吧」。然後讓意識回到「現在」。當你感覺自己「回來了」時，就可以睜開眼睛了。

82

修復過去傷痛，重建心情

你對於至今的人生，是否一直抱有煩惱或痛苦？據說童年環境會大大的影響人際關係與溝通，即便長大成人，這份影響力依舊存在。有些人或許會因此厭惡雙親、憎恨曾霸凌自己的人，甚至認為自己沒救了而放棄人生。

我想對這些人說：「你們一定可以獲得幸福。」雖然我們無法改變過去已發生的事實，但是可以改變人的感受。因為情緒都是自己創造出來的，根據我們看待過往的角度，會擁有不一樣的心情。透過檢視自己的過去，我們可以「修正」感受，告訴自己「沒事了」。

檢視過去，修正感受。

不過，這種心理層面的治療法，很難只靠自己執行。尤其是與心理創傷相關的情緒傷痛，所以我建議找專業人士協助比較好。

你對於過去發生的事，抱著什麼心情？那份心情或許正影響你現在的人際關係。甚至，你跟你的孩子（或其他人）溝通模式，與當年你和父母的溝通方式一樣。所以客觀的檢視，往事對你產生多大影響。

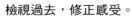

最後再重複一次：過去的事無法改變，但你的感受會隨著你的想法而有變化。試著告訴自己「現在的我就會這麼做」、「現在的我是這麼想的」，重建自己的心情吧。

83 思考自己的生命觀

你覺得人死後會是什麼樣子?肉體會回歸塵土,那麼靈魂呢?我沒有經歷過死亡,所以不知道死後世界會是什麼樣子。不過,我時常想像,如果我死了,應該會變成一團光。此外,我經常聽人家說,人離世後會回到天上化為星星。還有一種說法,是故人會幻化成蝴蝶,飛來見我們。

你對「死」有什麼想法?對「生」又有怎樣看法?

活著,是一件辛苦事。很多人問:「為什麼非得活下去?」但我想,或許我們就是為了找出這個問題的答案,所以才會活著。

我遇到很多個案都向我傾訴：「活著好痛苦。」我明白，活著真的很不容易，也十分清楚生命的重量，所以，我想對這些人說：「光是活著就很棒了！」、「至少還有我，我希望你能好好活下去。」

我希望找不到生存意義的人可以想：「我平安過完今天了，很厲害吧！」就算沒做什麼事或做不好都沒關係，光是活著就很好了。

84

接受現狀，做好自己能做到的事

經濟狀況、社會情勢……一旦發生自己能力不及的事件，該怎麼辦才好？一想到這些，心中的不安油然而生。但是，人類並非萬能，更不可能百分百控制整個大環境。

我們首先要做的是接受現實，然後找出自己能做的事。盡量事先預測，並做好準備以妥善應對，但我們終究不可能掌控一切。所以，請告訴自己，做自己能做的事就夠了。

一直想「萬一……如果……」，只會徒增不安，更白白浪費當下的時間。事

實上，不論面對什麼樣的狀況，一定有我們能做的事。

或者，你可以好好練習呼吸法、把注意力都放在眼前的事物、實踐本書的方法，讓自己過得更好。

重點是，學會接受自己所處的現狀，盡可能做自己能做到的事。

85 不跨越障礙也沒關係，換路走

你希望自己過怎樣的人生？對你來說，人生價值是什麼？

有些人說，希望人生充滿自信；有人認為能讓身邊的人都展露笑容，就是人生價值，也有人表示，可以去想去的地方，這份自由就是人生價值。

把人生價值當作自己心中的北極星吧。當你以北極星為指標，不斷的前進，儘管無法真正走到北極星的所在地，但是無論何時何地，北極星永遠閃耀著光輝，照亮著你。

或許有時前方會出現一面高牆阻礙去路，也害你看不到北極星，甚至，你覺

得這面高牆實在太高了，高到你無法跨越，但請記得，**人生不是只能盡力跨越高牆**。其實**也可以稍微繞一點路**，多花一點時間也沒關係。只要你的所有行動都是朝著心中的北極星——「我想要過上這樣的人生」前進，那就沒問題了。

如果你現在深受人際關係所苦，覺得自己被孤立，因此你覺得人生價值就是「帶著自信與他人相處」，就往這個目標努力，例如，練習不迴避他人的目光、不當獨行俠，勇敢的說出自己的意見等。

就算偶爾被絆住而停下腳步，也無所謂，只要之後慢慢的向前邁進即可。

你心中的北極星是什麼樣子？請好好思考專屬自己的人生價值。

好心情沒人能給6

別擅自在心中宣布放棄

「情緒，來於自己的思考習慣」，可說是認知行為治療法的基礎概念。人在面對各種狀況時，腦中會自動冒出來的想法，就是自動化思考。自動化思考其實有很多種模式，不論哪種都會影響我們的情緒。例如，悲觀、負面的思考習慣，讓人們在面對尚未發生的事時，忍不住產生最壞的想像，讓自己陷入更深、更嚴重的悲傷與不安全感中。

本書介紹了各式各樣的思維模式，或許有些人會認為「這根本就是在說我嘛」而大受打擊，變得消沉。不過，光是擔心並沒有任何幫助。

改變自己的第一步是覺察自己的思考習慣。然後理解「改變想法，情緒也會產生變化」，搭配書中介紹的方法，讓你能真正改變思考模式。

其祕訣是站在客觀的角度。千萬不要只是想想而已，光用腦袋思考，只會讓你的思緒變得更亂。所以，不要嫌麻煩，請用文字好好的將腦中想法記錄下來，然後仔細檢視內容。最重要的是，站在客觀的角度思考：「真的是這樣嗎？」

或許一開始不太順利，但是當你增加客觀思考的次數時，便逐漸產生新的想法。只要反覆練習，你一定可以越來越習慣，不用太過擔心。

改變自己的第二步，是接受自己真實的模樣。不需要任何附加條件，不論最後的結果如何，誠實接受自己最真實的模樣。踏實的做好眼前的每件事，就算是再微小的小事，也要給予自己肯定。

你完全不需要跟任何人做比較，更不用在意他人的眼光。就算不優秀、對這個世界沒貢獻都沒關係，你光是活著，就已經是獨一無二的存在了。即便不聰明、不靈巧、不帥氣，只要接受自己、認同自己，對自己說：「我這樣就好。」這麼一來，你的自我肯定感也會越來越茁壯。

結語

即使沮喪，也能靠自己振作

閱讀至此，實踐本書介紹八十五種方法的讀者，你真的非常努力。

或許有人會質疑：「做這種事有什麼意義？」但無論如何，實際執行這些方法，本身就是很值得讚賞的事，請用力的讚美自己吧！

我總是告訴個案「持續」有多麼重要。現在，我也要請讀者務必堅持使用這些方法，相信你一定會感受到自己有所改變。

有些讀者拿起本書時，心想：「我希望變得更強，讓自己不會受傷。」不過，要把心靈磨練到什麼程度，才算「強到不會受傷」？為了不讓自己的心靈受傷，我們往往一直維持自我防衛的狀態，這會讓我們的身心異常疲累。我們不該執著「讓自己堅強到不會受傷」，而是把目標放在「**即使我受傷或陷入沮喪，也能靠自己站起來**」。

學會情緒自救，我們就不會輕易的被情緒左右。而書中提供的技巧，讓你就算進入低潮，也能靠自己的力量重新振作。

讓心靈恢復韌性的力量，就是心理學領域的「心靈彈性」（Resilience），我稱為「平穩的心靈」。

在現代，人們每天都接收到過多繁雜訊息，累積各種壓力。然而，睡眠、飲食、運動等是生活臨床治療法的重點核心。人不能只是茫然的活著，必須從改變思維做起，讓自己的身心徹底煥然一新，提升自信與自我肯定感，如此，你肯定能越來越不被情緒影響，迎來安心又穩定的生活。

若獨自執行書中方法時，感覺不順利，好像快要無法堅持下去的時候，請記得還有我在。除了我，還有其他跟你擁有相同煩惱且仍在努力的夥伴們。讓我們一起努力堅持下去。

我會一直為你加油。

在文章的最後，我想向一些人表達感激。

作為引導個案實踐認知行為治療法的一方，我對於生活臨床的重要性有切身體悟。在執筆本書時，我彷彿重新學習這套治療法，獲得非常寶貴的經驗。

感謝武庫川女子大學榮譽教授白石大介老師，在百忙之中指導我生活臨床數次，讓我受益匪淺，ryuku 老師的可愛插圖，為本書增添了更多韻味；chichols 的設計，讓本書變得更有溫度和親切感，出版社的折出航編輯、岡田祐季編輯在本書的企劃階段，就一直陪著我，不只打開我的視野，也給予我熱情的支持。

一路走來，我遇見許多個案，因為與你們的相遇，才成就這本書的誕生。我在此向每一位貴人獻上誠摯的感謝，真的非常謝謝大家。

——高井祐子

參考資料

- 《讓自己更快樂的情緒課》（認知行動療法で「なりたい自分」になる：スッキリマインドのためのセルフケアワーク），高井祐子，2021 年，創元社。
- 《天氣痛》（天気痛を治せば、頭痛、めまい、スト レスがなくなる!），佐藤純，2015 年，扶桑社。
- 《圖解正念：培育平穩的心靈與大腦》（図解 マインドフルネス —しなやかな心と脳を育てる—），肯・A・維爾尼（Ken A. Verni）；中野信子監譯，2016 年，醫道日本社。
- 《生活病理・生活臨床之相關臨床教育學術調查研究》（生活病理・生活臨床に関する臨床教育学的調査研究）白石大介等／2007-2009，國立研究開發法人科學技術振興機構。
- 《校園實際運用生活臨床療法之相關研究－實際生活狀態之調查・以睡眠健康教育的實踐內容為基準之報告》（学校現場で活かす生活臨床に関する研究―生活実態調査の結果・睡眠健康教育の実践内容に基づく報告），小谷正登等，校園心理學PB-083，2012 教心第 54 屆總會。
- 《怒氣管理入門》（アンガーマネジメント入門），安藤俊介，2016 年，朝日新聞出版。
- 《就要傻冒樂天派，缺憾人生才完美》（*ACT MADE SIMPLE*），羅斯・哈里斯（Russ Harris），武藤崇他譯，2012 年，星和書店。
- 《正念療癒力》（*FULL CATASTROPHE LIVING*），喬・卡巴金（Jon Kabat-Zinn Ph.D.），春木豊譯，2007 年，北大路書房。
- 《胡思亂想的爆發力》（*Tinker Dabble Doodle Try*），斯里尼・皮雷（Srini Pillay M.D.），千葉敏生譯，2018 年，鑽石社。

Think 253

好心情沒人能給

超過 12,000 人證明有效的情緒自救法，讓陰霾變晴朗

作　　者／高井祐子
譯　　者／黃怡菁
責任編輯／陳竑悳
校對編輯／黃凱琪
美術編輯／林彥君
副總編輯／顏惠君
總 編 輯／吳依瑋
發 行 人／徐仲秋
會計助理／李秀娟
會　　計／許鳳雪
版權主任／劉宗德
版權經理／郝麗珍
行銷企劃／徐千晴
行銷業務／李秀蕙
業務專員／馬絮盈、留婉茹
業務經理／林裕安
總 經 理／陳絜吾

國家圖書館出版品預行編目（CIP）資料

好心情沒人能給：超過 12,000 人證明有效的情緒自救法，讓陰霾變晴朗 / 高井祐子著；黃怡菁譯 . -- 初版 . -- 臺北市：大是文化有限公司，2023.07
272 面 ; 14.8×21 公分 . -- （Think；253）
譯自：「自分の感情」の整えかた . 切り替えかた : モヤモヤがスッキリ!に変わる 85 のセルフケア
ISBN 978-626-7251-95-9（平裝）

1. CST：情緒管理　2. CST：生活指導

176.5　　112005802

出 版 者／大是文化有限公司
臺北市衡陽路 7 號 8 樓
編輯部電話：（02）23757911
購書相關資訊請洽：（02）23757911 分機 122
24 小時讀者服務傳真：（02）23756999
讀者服務 E-mail：dscsms28@gmail.com
郵政劃撥帳號：19983366　戶名：大是文化有限公司

法律顧問／永然聯合法律事務所
香港發行／豐達出版發行有限公司
Rich Publishing & Distribution Ltd
香港柴灣永泰道 70 號柴灣工業城第 2 期 1805 室
Unit 1805, Ph.2, Chai Wan Ind City, 70 Wing Tai Rd, Chai Wan, Hong Kong
Tel：21726513　Fax：21724355
E-mail：cary@subseasy.com.hk

封面設計／孫永芳
內頁排版／邱介惠
印　　刷／緯峰印刷股份有限公司
出版日期／ 2023 年 7 月初版
定　　價／新臺幣 380 元
I S B N ／ 978-626-7251-95-9
電子書 ISBN ／ 9786267328026（PDF）
9786267328033（EPUB）